会计学原理实验教程

KUAIJIXUE YUANLI SHIYAN JIAOCHENG

主编 ◎ 张守芳

首都经济贸易大学出版社
Capital University of Economics and Business Press
·北京·

图书在版编目（CIP）数据

会计学原理实验教程／张守芳主编. --北京：首都经济贸易大学出版社，2021.1

ISBN 978-7-5638-3144-9

Ⅰ．①会… Ⅱ．①张… Ⅲ．①会计学—高等学校—教材 Ⅳ．①F230

中国版本图书馆 CIP 数据核字（2020）第 246486 号

会计学原理实验教程
张守芳　主编

责任编辑	陈雪莲
封面设计	砚祥志远·激光照排　TEL：010-65976003
出版发行	首都经济贸易大学出版社
地　　址	北京市朝阳区红庙（邮编 100026）
电　　话	（010）65976483　65065761　65071505（传真）
网　　址	http：//www.sjmcb.com
E-mail	publish@cueb.edu.cn
经　　销	全国新华书店
照　　排	北京砚祥志远激光照排技术有限公司
印　　刷	北京建宏印刷有限公司
开　　本	787 毫米×1092 毫米　1/16
字　　数	246 千字
印　　张	14
版　　次	2021 年 1 月第 1 版　2022 年 6 月第 2 次印刷
书　　号	ISBN 978-7-5638-3144-9
定　　价	39.00 元

图书印装若有质量问题，本社负责调换

版权所有　侵权必究

前 言

会计学原理实验,是培养会计专业应用型人才的主要方法,同时也是高等学校的重要教学环节。

本书以学生就业所需的专业知识和操作技能为着眼点,以《企业会计准则》《会计基础工作规范》为依据,对填制会计凭证、登记会计账簿和编制财务报告等工作加以规范,在适度的基础知识与理论体系覆盖下,突出应用型教学的实用性和可操作性,通过实际训练加深学生对理论知识的理解,并使学生能将所学会计理论知识与会计操作技能有效地结合起来,达到"教师易教,学生乐学,技能实用"的效果。

本书编写模拟企业经济业务案例及通用的原始凭证,力求通过实验来提高学生的动手操作能力、分析问题能力以及创新思维能力。

本书由武昌工学院张守芳任主编,负责拟定编写大纲并对初稿进行修改、补充和完善。武昌工学院陶静老师负责实验资料部分的审核和整理。其他部分由张守芳编写。

本书为武昌工学院立项教材,教材的编写得到了学校、院系各级领导和同仁们的支持,在此,对关心和支持本教材编写与出版的领导和同仁表示衷心的感谢。

由于编者能力有限,本书难免存在疏漏之处,恳请读者谅解并提出宝贵意见。

目 录

总 论 ·· 1

实验一　会计数字书写规范 ··· 5

实验二　建　账 ··· 9

实验三　填制与审核原始凭证 ·· 33

实验四　填制与审核记账凭证 ·· 40

实验五　登记日记账、明细账 ·· 45

实验六　编制科目汇总表、登记总账 ··· 141

实验七　对账、结账 ··· 146

实验八　编制与审核会计报表 ·· 150

实验九　装订会计凭证、整理账表 ·· 160

实验十　点钞方法和人民币识别技术 ··· 164

附录一　企业会计准则——基本准则 ··· 172

附录二　会计基础工作规范（2019年修订） ·· 177

附录三　中华人民共和国现金管理暂行条例 ·· 189

附录四　票据印鉴知识 ··· 192

附录五　中国人民银行规定的票据填写规范 ·· 195

附录六　模拟参考答案 ··· 197

附录七　学生实验报告和实验课程评语 ·· 212

参考文献 ··· 216

总 论

一、会计学原理实验目的

本实验教程模拟湖北省静友有限公司2019年12月份的全部经济业务,通过这套模拟实验操作,让学生能够较系统地将所学会计学基础理论知识与实际操作相结合,熟练地掌握小型制造企业会计核算的基本方法,熟悉账务处理流程,如开设账户、填写及审核原始凭证、填制及审核记账凭证、登记明细分类账簿、编制会计科目汇总表、登记总分类账、对账、结账以及编制会计报表等,从而使学生对小型制造企业会计核算全过程有一个系统、完整的认识,并能将所学会计理论与会计操作技能融会贯通。

二、实验内容

(1) 会计数字书写基本规范。

(2) 建立湖北省静友有限公司有关账户,将2019年11月有关账户的期末余额及相关信息填入相关总分类账、日记账和明细分类账,并进行账账核对,确保无误。

(3) 根据湖北省静友有限公司2019年12月具体业务,填写相应的原始凭证或原始凭证汇总表,并对原始凭证和原始凭证汇总表进行审核。

(4) 根据审核无误的原始凭证或原始凭证汇总表,填制记账凭证,并对记账凭证进行审核。

(5) 根据审核无误的记账凭证或原始凭证及原始凭证汇总表,逐笔登记"现金日记账""银行存款日记账"。

(6) 根据审核无误的记账凭证或原始凭证及原始凭证汇总表,逐笔登记其他相关明细分类账。

(7) 根据记账凭证,采用科目汇总表账务处理程序按月进行汇总,编制会计科目汇总表,并试算平衡。

(8) 根据会计科目汇总表,登记总分类账。

(9) 对账和结账。

(10) 根据总分类账、日记账、明细分类账及其他有关资料,编制湖北省静友有限公司2019年12月"资产负债表"和"利润表"。

(11) 整理会计资料并装订。

(12) 学习点钞方法。

(13) 学习人民币识别技术。

(14) 撰写实验报告。

三、科目汇总表账务处理的一般程序

科目汇总表账务处理的一般程序见图 1。

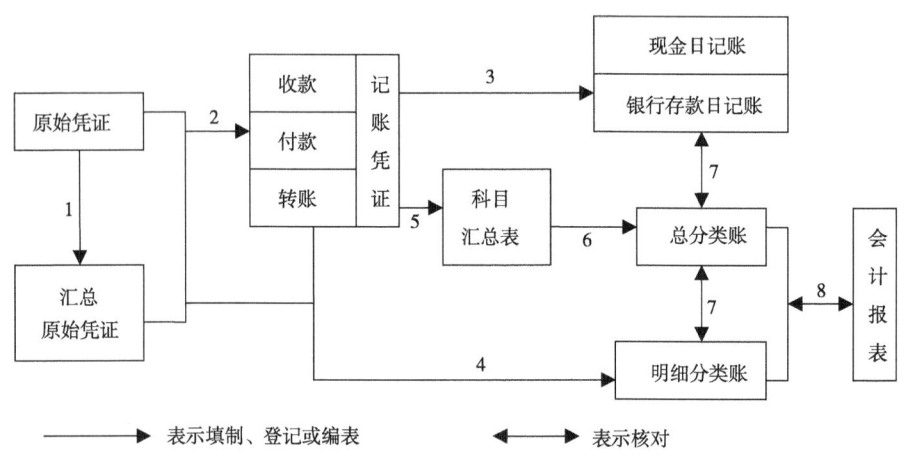

图 1　科目汇总表账务处理的一般程序

注：本实验采用通用记账凭证。

四、实验用品

(1) 通用记账凭证一本。

(2) 总分类账一本。

(3) 现金日记账一本。

(4) 银行存款日记账一本。

(5) 多栏式明细账账页、数量金额式明细账账页、三栏式明细账账页、应交税费（增值税）明细账账页各若干张。

(6) 科目汇总表、试算平衡表各若干张。

(7) 资产负债表、利润表各一张。

(8) 记账凭证封面一张。

(9) 点钞券一捆（100 张）。

(10) 实验文具（黑中性笔、红中性笔、铅笔、直尺、剪刀、胶水等）。

五、实验成绩考查及考评标准

本实验课程的考核成绩是根据学生填制的会计凭证、会计账簿、会计报表（包括装订好的会计凭证一套、现金日记账、银行存款日记账、明细分类账、总分类账、2 种会计报表）以及实验纪律、实验报告质量等进行评定，见表 1、表 2。

（一）分数等级

表1 分数等级

优 秀	良 好	中 等	及 格	不及格
90—100分	80—89分	70—79分	60—69分	60分以下

（二）分数比例

表2 分数比例

正确性	及时性	清晰性	规范性	实验报告	实验纪律
40分	10分	10分	20分	10分	10分

（三）实验要求

1. 正确性。要求会计核算数据正确。
2. 及时性。要求按时交实验成果及实验报告。
3. 清晰性。要求字体书写整齐、清楚，不能顶格，不得涂改，或不得用刀刮等。
4. 规范性。必须按规范化要求填制会计凭证、登记会计账簿及填制会计报表。
5. 实验报告。应阐述本实验的目的、意义，实验主要过程、相关知识点，以及所获得的认知，应做到表达清楚、层次分明、认知到位。
6. 实验纪律。实验期间不得迟到、早退或无故缺课。上课时必须认真听讲，并按要求进行实验，独立完成，不得抄袭他人实验成果。

六、实验时间安排

实验时间安排见表3。

表3 实验时间安排表

实 验 内 容	课时安排
实验动员，学习会计基础工作规范和讨论实验设计要求 数字和文字规范书写训练 根据湖北省静友有限公司资料按要求开设总分类账，并登记期初余额 根据湖北省静友有限公司资料按要求开设日记账及明细账，并登记期初余额 核对总账期初余额，再进行总账期初余额与明细账期初余额核对	4
审核湖北省静友有限公司12月1—15项经济业务的原始凭证，根据审核无误的原始凭证，填制记账凭证 逐笔登记日记账和其他相关明细账	3
审核湖北省静友有限公司12月16—30项经济业务的原始凭证，根据审核无误的原始凭证，填制记账凭证 逐笔登记日记账和其他相关明细账	3

续表

实 验 内 容	课时安排
审核湖北省静友有限公司12月31—34项经济业务的原始凭证，根据审核无误的原始凭证，填制记账凭证 逐笔登记日记账和其他相关明细账	3
审核湖北省静友有限公司12月35—40项经济业务的原始凭证，根据审核无误的原始凭证，填制记账凭证 逐笔登记日记账和其他相关明细账	3
审核湖北省静友有限公司12月41—43项经济业务的原始凭证，根据审核无误的原始凭证，填制记账凭证 逐笔登记日记账和其他相关明细账	4
根据审核无误的记账凭证按月汇总，编制会计科目汇总表	3
根据科目汇总表登记总分类账 编制试算平衡表核对总账 核对日记账及明细账 结账	3
编制资产负债表、利润表 装订凭证、整理账簿	3
点钞方法和人民币识别技术训练 个人小结、班组评议，指导老师讲评	3

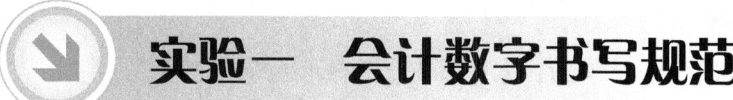

实验一　会计数字书写规范

实验目的

了解会计工作对文字、数字书写规范要求，通过练习，掌握阿拉伯数字的标准写法、汉字大写金额的标准写法，做到书写规范、清晰、流畅。

实验指导

会计核算中的数字包括汉字大写金额和小写阿拉伯数字。

一、汉字大写金额

（一）汉字大写金额用途

大写数字主要用于填制需要防止涂改的信用凭证，如收据、发票、支票以及经济合同等书面凭证。

（二）汉字大写金额组成

汉字大写金额是由数码和数位组成的，表示位的文字前必须有数字。

1. 数码：零、壹、贰、叁、肆、伍、陆、柒、捌、玖。不可用另、一、二、三、四、五、六、七、八、九代替。

2. 数位：分、角、元、拾、佰、仟、万、拾万、佰万、仟万、亿等。

（三）汉字大写金额的书写规范要求

1. 字体一般写正楷或行书。

2. 汉字大写金额数字前未印有货币名称的，应当加填货币名称，金额数字与货币名称之间不得留有空白，以防窜改。

3. 汉字大写金额满"拾"时，必须在"拾"字前写"壹"字。

4. 汉字大写金额数字到"元"或者"角"为止的，在"元"或者"角"字之后应当写"整"字或"正"字；但汉字大写金额数字有分的，分字后面不写"整"字或"正"字。

如：￥11.00　大写为：人民币壹拾壹元整。
　　￥11.10　大写为：人民币壹拾壹元壹角整。
　　￥11.11　大写为：人民币壹拾壹元壹角壹分。

5. 填写汉字大写金额数字，阿拉伯金额数字之间有"0"时，应当按以下规定填写：

(1) 未印有数位格次。阿拉伯金额数字中间有"0"时，汉字大写金额要写"零"字；阿拉伯金额数字中间连续有几个"0"时，汉字大写金额中间可以只写一个"零"字。

如：¥60 003.55　大写为：人民币陆万零叁元伍角伍分。

¥60 003.50　大写为：人民币陆万零叁元伍角整。

¥1 320.56　大写为：人民币壹仟叁佰贰拾元零伍角陆分。

¥1 000.56　大写为：人民币壹仟元零伍角陆分。

(2) 印有数位格次。填写汉字大写金额数字，阿拉伯金额数字之间有"0"时，应当按以下规定填写：数字之间有几个"0"，均应逐位填写"零"。汉字大写金额数字前有空位的，应当在数字前用"⊗"逐位补齐。

如：¥1 002.50　大写为：人民币⊗万壹仟零佰零拾贰元伍角零分。

6. 填写凭证时写错或遗漏，不能涂改，要重新填写。严禁在会计凭证、会计账簿、会计报表上涂改、挖补、刮擦或用涂改药水涂改。

7. 在会计核算中，票据的出票日期必须使用中文大写。为防止变造票据的出票日期，在填写月、日时，日、月为壹、贰的，应在前加"零"；日、月为拾壹至拾玖的，应在其前加"壹"。

如：2019年2月15日　应写为：贰零壹玖年零贰月壹拾伍日。

二、小写阿拉伯数字

（一）小写阿拉伯数字用途

阿拉伯数字是世界上通用的数字，应用范围较广，会计核算中多在填写单、证、账册及记录计算结果时使用。

（二）小写数字的书写规范要求

1. 先上后下，先左后右，沿横格底线向左下倾斜，约成60度夹角，高度占格高的1/2左右。不能潦草，不能似是而非，要一个一个地写，不能连笔。除4和5外，其他数字均要一笔写成，有圆的必须封口。

2. 一组数字书写时，字形要一致，字距要等同，左右位置居中，除7和9可伸入下格的1/4外，其余数字均要落笔于底线上。

3. 阿拉伯金额数字前面应当书写货币币种符号（如人民币符号："¥"）或者简写货币名称和币种符号。币种符号与阿拉伯金额数字之间不得留有空白。凡阿拉伯金额数字前面写有币种符号的，阿拉伯金额数字后面不再写货币单位（如人民币"元"）。

4. 所有以元为单位的阿拉伯金额数字，一般填写到角分；无角无分的，角位和分位可写成"00"，或者符号"—"；有角无分的，分位应当写"0"，不得用符号"—"代替。

5. 为了方便看数，整数部分从个位起向左每隔三位空1/4字符，个位和拾分位之间的数字下面应标明小数点"."。

6. 写错数字需要改正时，要用红笔将整个数字从中画一条单红线，以示注销，再用蓝黑墨水或碳素墨水的钢笔在数字的正上方写上正确的数字，并在旁边加盖经办人私章，以明确责任（如账簿），见附表5-9。

（三）小写阿拉伯数字的具体规范要求

小写阿拉伯数字的具体规范要求见图1-1。

图1-1 小写阿拉伯数字的规范要求

1. "0"字不要写小了，并要闭合，以免改成9，连续写几个0时，不要写连接上。
2. "1"字不能写得比其他数字短，以防窜改。
3. "2"字不能写成"Z"，以免改作3。
4. "3"字要使起笔处至转弯处距离稍长，不应太短，且转弯处要光滑，使其不易误为5。
5. "4"的折划不得圆滑，使其不易改作6，顶部不封口。
6. "5"字的短横与"秤钩"必须明显，切不可拖泥带水，以防与8混淆。
7. "6"字起笔要伸至上半格1/4处，下圈要明显，使其不易改作4与8。
8. "7"字上端一横既要明显，又要平直，折划不得圆滑，以与1和9明显区别开来。
9. "8"字注意上下两圈明显可见，且上圈稍小。
10. "9"字的小圈儿不要留间隙，下伸至1/4处，以免与4混淆。

在会计核算中，票据和结算凭证的金额应以中文大写和阿拉伯数字同时记录，二者必须一致，二者不一致的票据无效，二者不一致的结算凭证银行不受理。

实验要求

1. 用账页练习书写阿拉伯数字0、1、2、3、4、5、6、7、8、9。
2. 练习大写金额数字零、壹、贰、叁、肆、伍、陆、柒、捌、玖、拾、佰、仟、万、亿、元（圆）、角、分、整。

3. 请写出以下各数的大写金额。

(1) ¥680 026.74　　应写为：_____

(2) ¥87 310.00　　应写为：_____

(3) ¥26.32　　应写为：_____

(4) ¥503 048.01　　应写为：_____

(5) ¥2 006.70　　应写为：_____

(6) ¥58 010.11　　应写为：_____

(7) ¥909 263 580.00　　应写为：_____

(8) ¥40 000.01　　应写为：_____

(9) ¥200 000.85　　应写为：_____

(10) ¥0.57　　应写为：_____

4. 请写出以下出票日期的中文大写。

(1) 2000年1月10日　　应写为：_____

(2) 2007年2月9日　　应写为：_____

(3) 2008年6月6日　　应写为：_____

(4) 2019年10月28日　　应写为：_____

(5) 2005年12月15日　　应写为：_____

(6) 2018年1月1日　　应写为：_____

(7) 2017年12月12日　　应写为：_____

(8) 2017年12月28日　　应写为：_____

(9) 2019年12月28日　　应写为：_____

(10) 2019年2月2日　　应写为：_____

实验二　建　账

实验目的

通过实验，了解企业相关会计制度，以及账簿的种类、基本构成及填制方法。

实验指导

建账是建立完整的账簿体系。建账可保证财产物资的安全完整，为编制会计报表提供资料，同时可以全面、系统、连续地记录和反映各项经济业务。

一、账簿的设置种类

各单位至少需要设置以下"四类账"。

（一）现金日记账

现金日记账必须采用订本式账簿，由出纳员负责登记。现金日记账格式见附表2-1。

（二）银行存款日记账

银行存款日记账必须采用订本式账簿，由出纳员负责登记。银行存款日记账格式见附表2-2。

（三）总分类账

总分类账简称"总账"，必须采用订本式账簿，由总账会计负责登记。总分类账格式见附表2-3。

（四）明细分类账

明细分类账简称"明细账"，一般采用活页式账簿，由明细账会计负责登记。明细账格式有三栏式、数量金额式、多栏式以及专用明细账等。三栏式明细账格式见附表2-4；数量金额式明细账格式见附表2-5；多栏式明细账格式见附表2-6；应交税费（增值税）专用明细账格式见附表2-7。

湖北省静友有限公司应分别开设总分类账、日记账（现金日记账、银行存款日记账）、明细分类账（三栏式明细账、数量金额式明细账、多栏式明细账、专用明细账）。

通常，原材料、库存商品等存货类账户所属明细账一般采用数量金额式账页；"生产成本""制造费用""管理费用""销售费用""财务费用""主营业务收入""主营业务成本""其他业务收入""其他业务成本""营业外收入""营业外支出"等成本和损益类账户一般采用多栏式账页；应交税费（应交增值税）明细账一般采用专用账页；其他账户所属明细账一般采用三栏式账页。

二、建账的内容

(一) 填制账簿启用表

会计账簿一般应按年进行更换（固定资产明细账可不进行更换）。账簿使用时，首先按照税法规定粘贴印花税票。启用新账或更换账簿时，应当在账簿内扉页填制"账簿启用表"。账簿启用表格式见附表 2-8。

账簿启用表的填写包括以下内容：

1. 单位名称。
2. 账簿名称。
3. 账簿编号。
4. 账簿页数。
5. 启用日期。
6. 单位盖章。
7. 会计机构负责人、会计主管人员签名、盖章。
8. 记账人员签名、盖章。
9. 记账人员或者会计机构负责人、会计主管人员调动工作时，应当注明交接日期、接办人员、监交人员姓名，并由交接人员签字、盖章。
10. 粘贴印花税票。

(二) 登记期初余额

登记期初余额，一般每个账户占一张。期初余额登记内容包括账户的名称、时间、摘要、期初余额及余额的方向等相关信息。建账方法见附表 5-1、附表 5-2、附表 5-3、附表 5-5、附表 5-6。

新的一年开始，要在本会计年度新建有关会计账簿的第一行摘要栏注明"上年结转"字样，在余额栏内填写上年结转的余额，见附表 5-3。

(三) 填制目录

订本式账簿要在登记期初余额时填写目录，而活页式明细账在装订整理时再填写目录。填制目录的内容包括科目编号（科目编号如表 2-1 所示）、科目名称和页数。账簿目录格式见附表 2-9。

表 2-1

常用会计科目及编号

编号	会 计 科 目 名 称	编号	会 计 科 目 名 称
	一、资产类		二、负债类
1001	库存现金	2001	短期借款
1002	银行存款	2101	交易性金融负债

续表

编号	会计科目名称	编号	会计科目名称
1012	其他货币资金	2201	应付票据
1101	交易性金融资产	2202	应付账款
1121	应收票据	2203	预收账款
1122	应收账款	2211	应付职工薪酬
1123	预付账款	2221	应交税费
1131	应收股利	2231	应付利息
1132	应收利息	2232	应付股利
1221	其他应收款	2241	其他应付款
1231	坏账准备	2501	长期借款
1402	在途物资	2502	应付债券
1403	原材料	2701	长期应付款
1404	材料成本差异		三、所有者权益类
1405	库存商品	4001	实收资本
1406	发出商品	4002	资本公积
1408	委托加工物资	4101	盈余公积
1411	周转材料	4103	本年利润
1471	存货跌价准备	4104	利润分配
1501	持有至到期投资		四、成本类
1502	持有至到期投资减值准备	5001	生产成本
1503	可供出售金融资产	5101	制造费用
1511	长期股权投资	5301	研发支出
1512	长期股权投资减值准备		五、损益类
1521	投资性房地产	6001	主营业务收入
1531	长期应收款	6051	其他业务收入
1601	固定资产	6101	公允价值变动损益
1602	累计折旧	6111	投资收益
1603	固定资产减值准备	6301	营业外收入
1604	在建工程	6401	主营业务成本
1605	工程物资	6402	其他业务成本
1701	无形资产	6403	税金及附加

续表

编号	会计科目名称	编号	会计科目名称
1702	累计摊销	6601	销售费用
1703	无形资产减值准备	6602	管理费用
1711	商誉	6603	财务费用
1801	长期待摊费用	6701	资产减值损失
1811	递延所得税资产	6711	营业外支出
1901	待处理财产损溢	6801	所得税费用
		6901	以前年度损益调整

实验资料

一、企业概况

企业名称：湖北省静友有限公司

开户银行：中国工商银行中山路分理处

银行账号：8888899999

纳税人类别：一般纳税人

纳税人识别号：6666699999

微机代码：000999

企业地址：武汉市武昌区中山路 99 号

联系电话：027-22229999

法定代表人：黄国立

二、企业类型及生产工艺过程

湖北省静友有限公司属小型制造企业，公司注册资本 500 万元，主要耗用 A、B 两种原材料，生产甲、乙两种产品。工艺流程如图 2-1 所示。

图 2-1　生产甲、乙两种产品的工艺流程

三、企业组织结构

湖北省静友有限公司机构设置如图 2-2 所示。

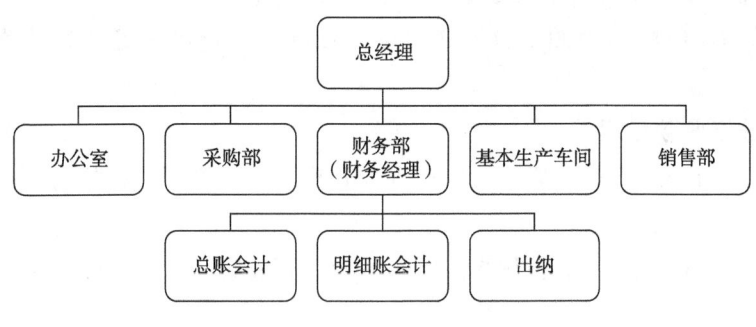

图 2-2　湖北省静友有限公司机构设置

四、会计工作组织及分工

财务部经理赵志民：负责组织公司的日常核算，对公司发生的各项经济业务进行审核，审核总账会计编制的会计报表，制定公司内部控制制度，编制财务预算，负责保管财务专用章。

总账会计张军梅：负责审核明细账会计编制的记账凭证，编制会计报表，登记总账，整理和管理会计档案，配合财务经理的工作。

明细账会计王艺平：负责编制日常经济业务记账凭证，登记明细账，开具发票，负责纳税申报，保管发票专用章。

出纳李小朋：负责现金收付和银行结算业务，登记现金日记账和银行存款日记账，发放工资。

五、会计制度设计

（一）记账方法

本公司采用复式借贷记账法。

（二）会计科目

本公司总账科目使用财政部统一规定的会计科目。

（三）货币资金管理

1. 库存现金实行限额管理，核定的库存现金限额为本单位 3—5 天的日常零星开支所需库存现金。现金使用范围按《中华人民共和国现金管理暂行条例》（见附录三）规定执行。

2. 银行存款设置基本存款账户和工资结算账户。

3. 现金和银行存款的支付必须凭有效的审批单据才能支付，具体由出纳办理。

4. 支票等票据视同现金管理，由出纳保管，相关的支付需按公司的支付流程办理。

5. 公司财务部每月终了前必须由出纳对现金进行一次全面的盘点，并填制现金盘点表，由总账会计监盘，并对现金盘点表进行审核签字。

6. 银行存款应根据银行存款对账单编制银行存款余额调节表，如发现不符，应及时查明原因，并报财务部经理和公司总经理做相应的处理。

7. 公司采用应收账款余额百分比法提取坏账准备，公司规定坏账准备的提取比例为 0.5%。

（四）销售及收款管理

1. 销售由销售部门负责，销售人员负责与客户谈判，签订的销售合同必须由财务部经理和总经理核准才能生效。

2. 销售人员不得经手货款和货物，所有的款项直接打入公司的银行账户，不得收受现金。

3. 应收账款由销售员负责催收，财务部监督催收。

4. 财务部应每月和客户对账，并取得对方签字确认的对账单，经办销售人员应协助财务部对账。对对账过程中发现的差异，应及时查明原因，必要时应报财务部经理和总经理。

5. 销售部应建立客户档案资料，销售人员发生变动的，应及时办理档案资料的交接工作。

6. 财务部按客户名称设置明细账，加强对应收账款的管理。

（五）采购与付款

1. 采购部应根据经批准的生产计划编制采购计划，采购计划应由采购部经理和财务经理、总经理会签。

2. 采购人员根据采购计划编制采购合同，采购合同应详细记载采购材料的型号、规格、数量、单价、金额、运费及结算方式、交货日期、交货地点和运输包装方式等。采购合同必须有公司印章方可生效。

3. 原材料仓库根据采购合同办理货物验收，不得多收，不得接收采购合同上未记载的货物。仓库部门应同时填制"入库单"送财务部和采购部结算。

4. 原材料入库前需进行检验，检验不合格的货物不得办理入库。

5. 建立合格供应商名单管理，合格供应商应由公司内部各部门集体决定。

6. 财务部按供应商的名称建立明细账，定期与供应商对账，并取得对方签字确认的对账单，采购员协助财务人员开展对账工作。

（六）存货管理及核算

1. 生产发料由车间领料人员根据领料申请单编制"领料单"，仓库部门根据经批准的"领料单"发料，不得多发和少发。"领料单"会计联交财务部进行成本核算。

2. 生产车间负责对生产物料进行管理，产品完工后办理入库，入库前必须由质检人员进行检验，检验合格后方可办理成品入库。

3. 存货的管理实行永续盘存制，财务部每月对存货进行一次全面盘点，必要时，可以进行不定期盘点。

4. 存货成本计价方法如下：存货取得时采用实际成本法核算，存货发出时采取月末加权平均法。

5. 低值易耗品按一次摊销法核算。

（七）固定资产的折旧方法及年限

1. 固定资产的折旧年限为：房屋建筑物 20 年，机器设备 10 年，其他固定资产 5 年。

2. 固定资产采取平均年限法计提折旧。固定资产的净残值率为 5%。

（八）工资及福利费

1. 公司的职工工资实行固定工资制。

2. 公司按照市政府的有关规定缴纳社会保险费，缴费的比例如下。

（1）基本养老保险：按标准工资总额的 28% 缴纳，其中，企业承担 20%，个人承担 8%。

（2）医疗保险：按标准工资总额的 10% 缴纳，其中，企业承担 8%，个人承担 2%。

（3）失业保险：按标准工资总额的 3% 缴纳，其中，企业承担 2%，个人承担 1%。

（4）工伤保险：按标准工资总额的 0.5% 缴纳，由企业负担。

（5）生育保险：按标准工资总额的 0.7% 缴纳，由企业负担。

（6）住房公积金：按标准工资总额的 20% 缴纳，其中，企业承担 10%，个人承担 10%。

3. 公司按国家法律规定代扣代缴个人所得税，个人所得税税前扣除标准为 5 000 元/月，个人承担的社会保险费缴款可以在税前扣除。

4. 公司按标准工资总额的 2% 计提工会费，按标准工资的 1.5% 计提职工教育经费。

5. 公司发生福利费，按实际发生的福利费金额计提，并计入相关费用科目。

（九）成本与费用

1. 生产成本采用品种法核算，下设直接材料、直接人工、制造费用三个成本项目进行核算。完工产品与在产品成本采用约当产量法进行分配。

2. 制造费用按生产工人工资进行分配。

（十）税金及附加

1. 本公司为增值税一般纳税人，增值税税率为 13%。

2. 本公司按照应交增值税、消费税的合计数计算缴纳城市维护建设税及教育费附加，其中，城市维护建设税税率为 7%，教育费附加征收率为 3%。

3. 本公司所得税税率为 25%，实行按季预缴，年终汇算清缴，多退少补。

（十一）其他

1. 公司按月预提利息。

2. 公司每年按净利润的 10% 计提法定盈余公积，按净利润的 50% 计提应付投资者利润。

3. 分配率精确到 0.01。

4. 未列明的其他会计事项，根据《企业会计制度》的相关规定处理。

六、湖北省静友有限公司数据资料

1. 湖北省静友有限公司 2019 年 11 月 30 日有关账户总账和明细账资料如表 2-2 和表 2-3 所示。

表 2-2

有关账户总账和明细账资料　　　　　　　　　单位：元

总账科目	明细科目	借方		贷方	
		总账金额	明细金额	总账金额	明细金额
库存现金		8 200.00	8 200.00		
银行存款	中国工商银行	865 200.00	865 200.00		
预付账款	湖北省天都有限公司	24 000.00	24 000.00		
应收票据	湖北省美好有限公司	305 000.00	305 000.00		
其他应收款	张志华	1 000.00	1 000.00		
应收账款	湖北省致远有限公司	1 020 000.00	1 020 000.00		
坏账准备				10 038.60	10 038.60
原材料		1 023 500.00			
	A 材料		536 000.00		
	B 材料		487 500.00		
生产成本		324 000.00			
	甲产品		156 000.00		
	乙产品		168 000.00		
库存商品		1 730 000.00			
	甲产品		740 000.00		
	乙产品		990 000.00		
固定资产		6 220 000.00			
	房屋建筑物		1 885 000.00		
	机器设备		4 068 000.00		
	办公设备		267 000.00		
累计折旧				905 655.11	
	房屋建筑物				216 382.34
	机器设备				574 845.00
	办公设备				114 427.77
无形资产		195 400.00			
	专利权		109 400.00		
	非专利技术		86 000.00		
短期借款	工商银行			1 000 000.00	1 000 000.00
应付票据	湖北省科华有限公司			500 000.00	500 000.00
应付账款				710 000.00	
	湖北省蓝天有限公司				450 000.00
	湖北省诚信有限公司				260 000.00

续表

总账科目	明细科目	借方		贷方	
		总账金额	明细金额	总账金额	明细金额
应交税费				187 787.65	
	未交增值税				25 000.00
	应交城建税				1 750.00
	应交教育费附加				750.00
	应交所得税				160 287.65
应付职工薪酬				284 335.50	
	工资				196 500.00
	养老保险				39 300.00
	医疗保险				15 720.00
	失业保险				3 930.00
	工伤保险				982.50
	生育保险				1 375.50
	住房公积金				19 650.00
	工会经费				3 930.00
	职工教育经费				2 947.50
实收资本				5 000 000.00	5 000 000.00
资本公积				200 000.00	200 000.00
盈余公积	法定盈余公积			125 000.00	125 000.00
本年利润				1 670 114.89	1 670 114.89
利润分配	未分配利润			1 123 368.25	1 123 368.25
合计		11 716 300.00	11 716 300.00	11 716 300.00	11 716 300.00

表2-3

利润表

编制单位：湖北省静友有限公司　　　　　2019年11月　　　　　　　　　　单位：元

项　目	本期数	本年累计
一、营业收入	2 896 575.00	37 482000.00
减：营业成本	2 467 881.90	32 486000.00
税金及附加	4 658.00	82 650.00
销售费用	28 960.00	816 500.00
管理费用	121 656.00	1 695 260.00

续表

项　目	本期数	本年累计
财务费用	26 200.00	268 500.00
资产减值损失		
加：公允价值变动损益		
投资收益		
二、营业利润	247 219.10	2 133 090.00
加：营业外收入	6 500.00	82 600.00
减：营业外支出		62 320.00
三、利润总额	253 719.10	2 153 370.00
减：所得税费用	63 429.78	538 342.50
四、净利润	190 289.32	1 615 027.50
五、每股收益		
（一）基本每股收益		
（二）稀释每股收益		

审核：赵志民　　　　　　　　　　　　　制表人：张军梅

2. 有关账户明细资料，见表2-4至表2-8。

（1）原材料账户明细表。

表2-4

原材料账户明细

原材料名称	计量单位	数量	单价（元）	金额（元）
A材料	千克	2 680	200.00	536 000.00
B材料	千克	3 250	150.00	487 500.00
合计				1 023 500.00

（2）生产成本明细表。

表2-5

生产成本明细　　　　　　　　　　　　　　　　　　　　单位：元

产品名称	成本项目			
	直接材料	直接人工	制造费用	合计
甲产品	109 200.00	31 200.00	15 600.00	156 000.00
乙产品	117 600.00	33 600.00	16 800.00	168 000.00
合计	226 800.00	64 800.00	32 400.00	324 000.00

(3) 库存商品明细表。

表 2-6

库存商品账户明细

原材料名称	计量单位	数量	单价（元）	金额（元）
甲产品	件	1 480	500.00	740 000.00
乙产品	件	1 650	600.00	990 000.00
合计				1 730 000.00

(4) 固定资产明细表。

表 2-7

固定资产明细　　　　　　　　　　　2019 年 11 月 30 日

部门	固定资产类型	数量	单位	购建时间	固定资产原值（元）	使用年限	净残值率（%）	预计净残值（元）
管理部门	房屋建筑物	1	栋	2017.6	246 000.00	20	5	12 300.00
	机器设备	2	台	2017.6	288 000.00	10	5	14 400.00
	办公设备	5	台	2017.6	62 000.00	5	5	3 100.00
	合计				596 000.00			29 800.00
基本生产车间	房屋建筑物	2	栋	2017.6	1 513 000.00	20	5	75 650.00
	机器设备	5	台	2018.6	3 685 000.00	10	5	184 250.00
	办公设备	10	台	2017.6	119 000.00	5	5	5 950.00
	合计				5 317 000.00			265 850.00
销售部门	房屋建筑物	1	栋	2017.6	126 000.00	20	5	6 300.00
	机器设备	1	台	2018.6	95 000.00	10	5	4 750.00
	办公设备	4	台	2017.12	86 000.00	5	5	4 300.00
	合计				307 000.00			15 350.00
总计					6 220 000.00			311 000.00

(5) 累计折旧明细表。

表 2-8

累计折旧明细　　　　　　　　　　　2019 年 11 月 30 日

部门	固定资产类型	购建时间	固定资产原值（元）	预计净残值（元）	月折旧额（元）	已用月份	已提折旧（元）
管理部门	房屋建筑物	2017.6	246 000.00	12 300.00	973.75	29	28 238.75
	机器设备	2017.6	288 000.00	14 400.00	2 280.00	29	66 120.00
	办公设备	2017.6	62 000.00	3 100.00	981.67	29	28 468.43
	合计		596 000.00	29 800.00	4 235.42		122 827.18

续表

部门	固定资产类型	购建时间	固定资产原值（元）	预计净残值（元）	月折旧额（元）	已用月份	已提折旧（元）
基本生产车间	房屋建筑物	2017.6	1 513 000.00	75 650.00	5 988.96	29	173 679.84
	机器设备	2018.6	3 685 000.00	184 250.00	29 172.92	17	495 939.64
	办公设备	2017.6	119 000.00	5 950.00	1 884.17	29	54 640.93
	合计		5 317 000.00	265 850.00	37 046.05		724 260.41
销售部门	房屋建筑物	2017.6	126 000.00	6 300.00	498.75	29	14 463.75
	机器设备	2018.6	95 000.00	4 750.00	752.08	17	12 785.36
	办公设备	2017.12	86 000.00	4 300.00	1 361.67	23	31 318.41
	合计		307 000.00	15 350.00	2 612.50		58 567.52
总计			6 220 000.00	311 000.00	43 893.97		905 655.11

3. 公司主要往来单位概况。

(1) 公司主要客户。

①公司名称：湖北省美好有限公司

　　开户行：中国工商银行中北路分理处

　　银行账号：8888877777

　　纳税人识别号：6666677777

　　地址：武汉市武昌区中北路 77 号

　　电话：027-22227777

　　法定代表人：赵新月

②公司名称：湖北省致远有限公司

　　开户行：中国工商银行解放大道分理处

　　银行账号：8888844444

　　纳税人识别号：6666644444

　　地址：武汉市汉口解放大道 44 号

　　电话：027-22224444

　　法定代表人：钱世军

③公司名称：湖北省三联有限公司

　　开户行：中国工商银行解放大道分理处

　　银行账号：8888854898

　　纳税人识别号：6666608276

　　地址：武汉市汉口解放大道 95 号

　　电话：027-22225686

　　法定代表人：李永亮

(2) 公司主要供应商。

①公司名称：湖北省科华有限公司

开户行：中国工商银行雄楚大道分理处

银行账号：8888855555

纳税人识别号：6666655555

地址：武汉市武昌区雄楚大道 55 号

电话：027-22225555

法定代表人：孙道华

②公司名称：湖北省蓝天有限公司

开户行：中国工商银行宜陵分理处

银行账号：8888822222

纳税人识别号：6666622222

地址：宜昌市宜陵区宜陵大道 22 号

电话：0717-22222222

法定代表人：李海涛

③公司名称：湖北省诚信有限公司

开户行：中国工商银行黄鹤楼分理处

银行账号：8888833333

纳税人识别号：6666633333

地址：武汉市武昌区黄鹤路 33 号

电话：027-22223333

法定代表人：蔡明玉

④公司名称：湖北省新月广告有限公司

开户行：中国工商银行街道口分理处

银行账号：888884444

纳税人识别号：6666699999

地址：武汉市洪山区街道口 33 号

电话：027-222266666

法定代表人：王丹鹏

实验要求

1. 根据实验资料填制湖北省静友有限公司账簿启用表。

2. 建立湖北省静友有限公司有关账户，并将 2019 年 11 月份有关账户的期末余额及相关信息资料，填入相应总分类账、日记账和明细账，并进行账账核对，确保无误。

3. 根据会计账户建账顺序填制订本式账簿（总分类账、现金日记账、银行存款日记账）的目录表。

附表2-1　现金日记账格式

现金日记账

第1号

年		凭证		摘要	对应科目	√	借方									贷方									余额								
月	日	字	号				千	百	十	万	千	百	十	元	角	分	千	百	十	万	千	百	十	元	角	分	千	百	十	万	千	百	十	元	角	分
				过次页																													

附表2-2 银行存款日记账格式

银行存款日记账

第 1 号

开户行：
账　号：

年		凭证	支票		摘要	√	借方									贷方									借或贷	余额								
月	日	字号	种类	号数			千	百	十	万	千	百	十	元	角	分	千	百	十	万	千	百	十	元	角	分		千	百	十	万	千	百	十	元	角	分
					过次页																																

附表2-3 总分类账格式

总 账

科目 _____   第 1 号

年		凭证字号	摘要	√	借方										贷方										借或贷	余额									
月	日				亿	千	百	十	万	千	百	十	元	角	分	亿	千	百	十	万	千	百	十	元	角	分		亿	千	百	十	万	千	百	十	元	角	分
			过次页																																	

附表2-4 三栏式明细账格式

一级科目 _____
子目或户名 _____
总页号 ____ 分页号 ____

年		凭证		摘要	借方									核对	贷方									核对	借或贷	余额								
月	日	种类	号数		万	千	百	十	元	角	分				万	千	百	十	元	角	分					万	千	百	十	元	角	分		
				过次页																														

附表2-5 数量金额式明细账格式

货号：_____ 总页号 _____
品名：_____ 分页号 _____
规格：_____
计量单位：_____ 产地：_____

年		凭证		摘要	借（收入）方			贷（发出）方			结存		
月	日	字号	号数		数量	单价	金额 十万千百十元角分	数量	单价	金额 十万千百十元角分	数量	单价	金额 十万千百十元角分
				过次页									

附表2-6 多栏式明细账格式（左半页）

科目 _____

附表2-6　多栏式明细账格式（右半页）

总页号　分页

附表2-7 应交税费（增值税）专用明细账格式（左半页）

应交税费（增值税）明细账

年	凭证		摘要	借方				贷方		
月 日	种类	号数		合计（千百十万千百十元角分）	进项税额（千百十万千百十元角分）	已交税金（千百十万千百十元角分）	减免税款（千百十万千百十元角分）	转出未交增值税（千百十万千百十元角分）		
			过次页							

附表2-7 应交税费（增值税）专用明细账格式（右半页）

总页号　分页号

合　计											贷　方																														余　额								
											销项税额											出口退税										进项税额转出										转出多交增值税								
千	百	十	万	千	百	十	元	角	分		千	百	十	万	千	百	十	元	角	分		千	百	十	万	千	百	十	元	角	分	千	百	十	万	千	百	十	元	角	分	千	百	十	万	千	百	十	元	角	分

附表2-8 账簿启用表格式

账簿启用表

单位名称				单位公章
账簿名称				
账簿编号	年总 册共 册			
账簿页数	本账簿共计 页 号			
启用日期	年 月 日			
经管人员	接管		移交	会计负责人
姓名 盖章	年 月 日	年 月 日	姓名 盖章	备注
印花税票粘贴处				

附表 2-9 账簿目录格式

目 录 表

年度

科目名称	科目编号	起讫页数	科目名称	科目编号	起讫页数	科目名称	科目编号	起讫页数

实验三 填制与审核原始凭证

实验目的

通过实验,了解各种不同经济业务应填制的原始凭证或原始凭证汇总表,掌握原始凭证的基本构成、传递程序以及原始凭证的填制方法。

通过实验,掌握原始凭证的审核要求,完成对原始凭证的审核,并指出存在的问题。

实验指导

原始凭证是在经济业务发生时取得或填制的、载明经济业务的执行和完成情况、明确经济责任且具有法律效力的书面证明。它是进行会计核算的原始数据,也是填制记账凭证或登记账簿的原始依据。因为原始凭证是在经济业务发生过程中直接填制的,是经济业务发生的最初证明,在法律上具有证明效力,所以也叫作"证明凭证"。原始凭证记录的经济业务必须与实际情况相符合,决不允许弄虚作假。

一、原始凭证的填写内容

经济业务是多种多样的,因而记录经济业务的原始凭证名称、内容和格式也不尽相同。但每一种原始凭证都必须客观地、真实地记录经济业务的发生、完成情况,都必须明确有关单位和人员的责任。这就要求原始凭证必须具备以下基本内容:

(1) 原始凭证的名称;
(2) 填制凭证的日期;
(3) 填制凭证的编号;
(4) 接受凭证的单位名称;
(5) 经济业务的基本内容、数量、单价、金额;
(6) 填制凭证单位及经办人员的签章。

二、原始凭证的填制要求

为了保证会计核算资料的真实、准确,应按下列要求填制原始凭证。

(一) 记录真实

原始凭证上反映的经济业务必须符合国家有关政策、法令、法规、制度的要求;原始凭证上填制的日期、业务内容、数量、金额等,必须与实际情况完全符合,确保凭证所反映的经济业务真实可靠,不允许弄虚作假;从外单位取得的原始凭证如有遗失,应当取得原开出单位盖有公章的证明，并注明原来凭证的号码、金额和内容等，由经办单位相关负责人批准后，才能代作原始凭证；确实无法取得证明的，如火车、轮船、飞机票等凭证，由当事人写出详细情况，经经办单位相关负责人批准后，可代作原始凭证。

（二）填制及时

每笔经济业务发生或完成后，经办业务的有关部门和人员必须及时填制原始凭证，并按规定的程序将其送交会计部门。

（三）内容完整

原始凭证中的基本内容和补充内容要填写齐全，不得遗漏；文字说明及数字要填写清楚，数量、单价、金额要计算正确。为明确责任，原始凭证必须由经办部门和人员签章。外来原始凭证要有填制单位的公章或财务专用章，自制原始凭证要有经办部门负责人或指定人员的签名或盖章等。

（四）手续完备

原始凭证的填制手续，必须符合内部牵制原则的要求。凡是填有大写和小写金额的原始凭证，大写和小写金额必须相符；购买实物的原始凭证，必须有验收证明；支付款项的原始凭证，必须有收款方的收款凭证；销货退回时，除填制退货发票外，必须取得对方的收款收据或开户行的汇款凭证；各种借款凭证，必须附在记账凭证之后，收回借款时，应当另开收据或者退还借款收据副本，不得退回原借款收据。一式多联的原始凭证，应当注明各联次的用途，只能以一联作为报销凭证；一式多联的发票和收据，必须用双面复写纸套写，连续编号；作废时应当加盖"作废"戳记，连同存根一起保存，不得撕毁。

三、原始凭证书写规范

原始凭证上的文字和数字必须填写清楚，容易辨认。文字叙述要简要，字迹要工整、清晰、易于辨认，不得使用未经国务院公布的简化字。阿拉伯数字要逐个写清楚，不得连笔。

四、常用原始凭证的具体填制方法

原始凭证必须根据经济业务的执行和完成的实际情况直接填制。为了保证原始凭证填制的完整性，下面介绍几种常用的原始凭证的填制方法。

（一）增值税专用发票

1. 增值税专用发票格式。增值税专用发票是一般纳税人在销售货物时开具的销货发票。增值税专用发票一般采用一式四联，一联是存根联，销货单位留存备查；一联是发票联，购货单位作付款的记账凭证；一联是抵扣联，购货单位作税款抵扣凭证；一联是记账联，销货单位作销售的记账凭证。如采用一式七联，则其他联次的用途由一般纳税人自行确定。增值税专用发票格式如表3-1所示。

表 3-1

2. 增值税发票填制具体要求。

（1）项目齐全，与实际交易相符。

（2）字迹清楚，不得压线、错格。

（3）发票联和抵扣联加盖财务专用章或发票专用章。

（4）按照增值税纳税义务发生时间开具。

（二）支票

1. 支票的格式。支票是出票人签发的，委托办理支票存款业务的银行或其他金融机构在见票时无条件支付确定的金额给收款人或者持票人的票据。常见支票有现金支票、转账支票，在支票正面上方有明确标注。现金支票只能用于支取现金（限开户行）；转账支票只能用于转账。支票的格式如表 3-2 所示。

2. 支票填制的具体要求。

（1）出票日期（大写）：数字必须大写，大写数字写法为零、壹、贰、叁、肆、伍、陆、柒、捌、玖、拾。

（2）付款行名称、出票人账号：本单位开户银行名称及账号，银行账号必须小写。

（3）人民币（大写）：数字大写写法为零、壹、贰、叁、肆、伍、陆、柒、捌、玖、拾、佰、仟、万、亿。

（4）人民币小写：最高金额前一位空白格用"￥"符号打头，数字填写要求完整清楚。

（5）盖章：支票正面盖财务专用章和法人章，缺一不可，印泥为红色，印章必须清晰。若印章模糊，就只能将本张支票作废，换一张重新填写、重新盖章。

表 3-2

3. 支票结算流程。

（1）现金支票结算流程：本单位用现金支票提取现金时，首先由本单位出纳人员签发现金支票，并加盖银行预留印鉴，按骑缝线剪开，持正本到开户银行取现金，存根留下作为付款依据；用现金支票向外单位或个人支付款项时，出纳签发现金支票，加盖银行预留印鉴，注明收款人后，将正本交收款人，收款人持现金支票到付款单位开户银行提取现金，并按银行要求出具有关证件。

（2）转账支票结算流程：付款人按应付的款项签发转账支票，加盖银行预留印鉴后按骑缝线剪开，正本交收款人，存根留下作为付款依据；收款单位财务部门收到支票并审核无误后，填写一式三联"进账单"，连同支票一起送存本单位开户银行；收款人开户银行受理后，经审核无误，在进账单上加盖印章，并将进账单收账通知联退回收款人，作为收款人入账的依据；收款人开户银行和付款人开户银行间传递凭证、划转款项。

实际工作中，支票不能有涂改痕迹，否则本支票作废。受票人如果发现支票填写不全，可以补记，但不能涂改。支票的有效期为 10 天，日期首尾算一天，节假日顺延。支票见票即付，不记名，丢了支票尤其是现金支票，银行不承担责任。现金支票一般要素填写齐全，如支票未被冒领，在开户银行挂失；转账支票如支票要素填写齐全，在开户银行挂失，如要素填写不齐，到票据交换中心挂失。

（三）银行进账单

1. 银行进账单格式。银行进账单是持票人向付款人或代理付款人申请提示付款的凭据，持票人开户银行待票据款项收妥后将其作为入账凭证。收款单位财务部门收到支票等票据后，填写一式三联"进账单"，连同票据一起送存本单位开户银行，收款人开户银行受理后，经审核无误，在进账单上加盖印章，并将进账单收款通知联退回收款人，作为收款人入账的依据。银行进账单格式如表3-3所示。

表3-3

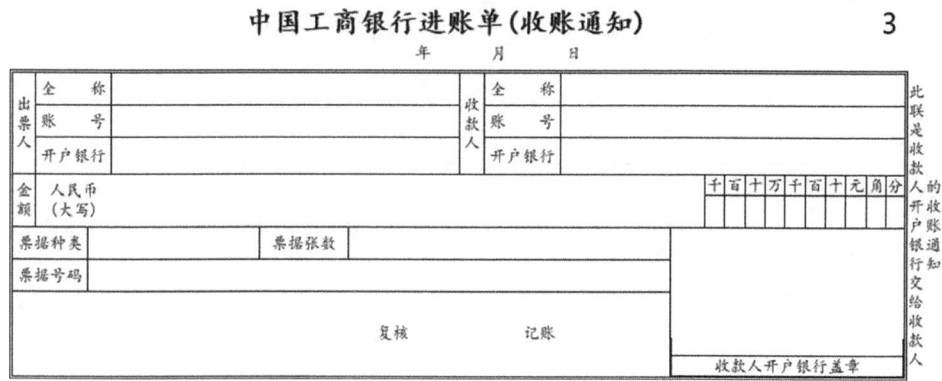

2. 银行进账单填制具体要求。

（1）根据支票等票据的内容，填写收款人和付款人全称、账号、开户行、收款金额，以及票据种类和张数。

（2）填写银行进账单不需要单位盖章。

（四）普通发票

填制普通发票首先要写清购货单位的全称，然后按凭证格式和内容逐项填写齐全，最后由经办人签字，单位加盖公章。普通发票格式如表3-4所示。

表3-4

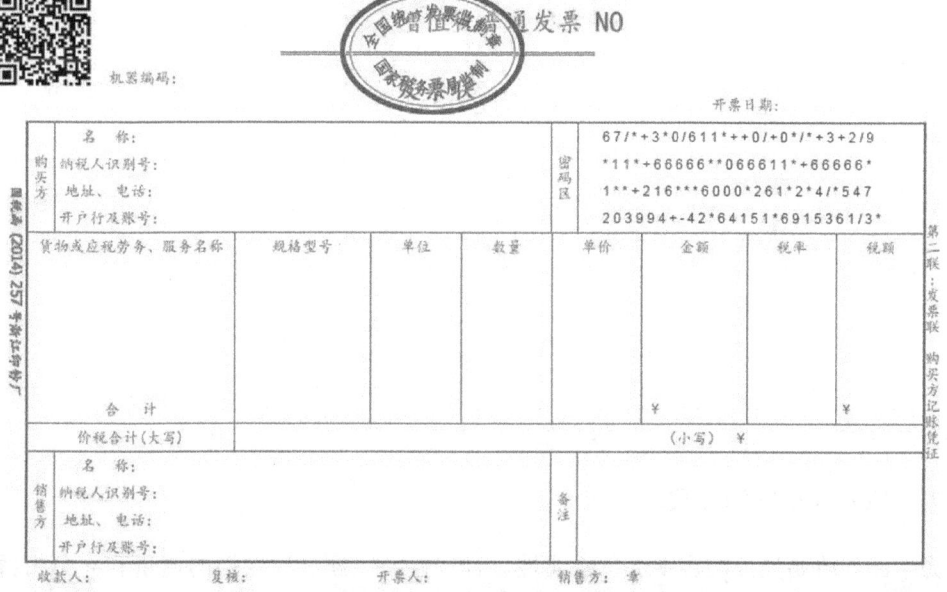

(五) 入库单

入库单是在外购的材料物资验收入库时填制的原始凭证，一般一式三联，一联由验收人员留底，一联交仓库保管人员据以登记明细账，一联连同发票交财务部门办理结算。入库单格式如表3-5所示。

表3-5

入 库 单

仓库名称： 年 月 日 No.

材料名称	规格	单位	数量		单价	金额	运杂费	金额合计	发货单位	第二联 记账联
			应收	实收						
									合同号	
合计										

财务主管： 业务科长： 仓库验收： 采购员：

(六) 出库单

出库单是领用材料物资时填制的原始凭证。领用材料物资需经领料车间负责人批准后，方可填制出库单，车间负责人、仓库保管员和领料人均需在领料单上签名或盖章。出库单格式如表3-6所示。

表3-6

出 库 单

购货单位： 编号：99999960

业务员： 年 月 日 仓库：

类别	编号	产品名称	规格	计量单位	数量		单价	金额	备注
					请购	实发			

仓库主管： 记账： 发货人： 经办人：

五、原始凭证的审核要求

为了保证原始凭证的客观性、真实性、合法性，保证会计数据的质量和充分发挥会计的监督作用，会计机构、会计人员无论对外来的原始凭证，还是自制原始凭证，都必须按照国家统一的会计制度的规定进行严格认真的审核。审核原始凭证，主要是审查以下内容。

(一) 完整性的审核

审核原始凭证的手续是否完备,应填写的项目是否填写齐全,有关经办人员是否都已签字或盖章,是否经过有关主管人员审核等。

(二) 真实性的审核

审核原始凭证是否反映了经济业务的本来面貌,是否具备成为本单位合法会计凭证的条件。

(三) 正确性的审核

审核原始凭证的摘要和数字是否填写清楚、正确,数量、单价、金额及其合计数等有无差错,大写金额和小写金额是否相等。

(四) 合法性的审核

审核原始凭证是否符合有关政策、法令、制度、计划、预算及合同的规定等,有无违反法律、制度的违法乱纪行为。

(五) 合理性的审核

审核原始凭证是否符合审批权限和手续,是否符合本单位规定的开支标准,是否符合提高经济效益、实现经营目标的原则。

六、原始凭证的错误更正

(1) 原始凭证所记载的各项内容均不得涂改,随意涂改的原始凭证即为无效凭证,不能作为填制记账凭证或登记会计账簿的依据。

(2) 原始凭证记载的内容有错误的,应当重开或更正,此项工作必须由原始凭证出具单位负责,并在更正处加盖出具单位印章。原始凭证金额出现错误,不得更正,只能由原始凭证开出单位重开。

(3) 原始凭证开具单位应当依法开具准确无误的原始凭证。对填制有误的原始凭证,原始凭证开具单位负有更正和重新开具的法律义务,不得拒绝。

实验四　填制与审核记账凭证

实验目的

通过实验，掌握复式借贷记账法的记账凭证的填制方法，完成记账凭证的填制。通过实验，初步掌握记账凭证审核内容与技巧。

实验指导

记账凭证是会计人员根据审核无误的原始凭证进行归类、整理，并据以确定会计分录后所填制的会计凭证，是登记会计账簿的直接依据。

按其用途不同，记账凭证可分为专用记账凭证和通用记账凭证。专用记账凭证又可分为收款凭证、付款凭证、转账凭证。就专用记账凭证而言，对于现金与银行存款之间相互划转的业务，为避免重复填制记账凭证，只按贷方科目填制一张付款凭证。例如：将现金存入银行，同时涉及银行存款的增加和库存现金的减少，只填制现金付款凭证，而不填制银行存款收款凭证；从银行提取现金，同时涉及库存现金的增加和银行存款的减少，只填制银行存款付款凭证，而不填制现金收款凭证。

一、记账凭证的格式

（一）专用记账凭证格式

收款凭证、付款凭证、转账凭证的格式如表4-1，表4-2，表4-3所示。

表 4-1

付　款　凭　证

对方单位	摘要	贷方科目		金额	记账符号
		总账科目	明细科目	千百十万千百十元角分	
					☐
					☐
					☐
					☐
					☐
银行结算方式及票号：			合计		☐

会计主管　　　　记账　　　　稽核　　　　出纳　　　　制证

表 4-2

付 款 凭 证

贷方科目：			年 月 日		附件	字第 号 张	
对方单位	摘要	借方科目		金额		记账符号	
		总账科目	明细科目	千百十万千百十元角分			
						□	
						□	
						□	
						□	
						□	
银行结算方式双票号：			合计			□	

会计主管　　　记账　　　稽核　　　出纳　　　制证

表 4-3

转 账 凭 证

		年 月 日				转字第 附件	号 张	
摘要	总账科目	明细科目	借方金额 千百十万千百十元角分	记账符号	贷方金额 千百十万千百十元角分	记账符号		
				□		□		
				□		□		
				□		□		
				□		□		
				□		□		
合 计				□		□		

会计主管　　　记账　　　复核　　　制证

（二）通用记账凭证格式

通用记账凭证格式如表 4-4 所示。

表 4-4

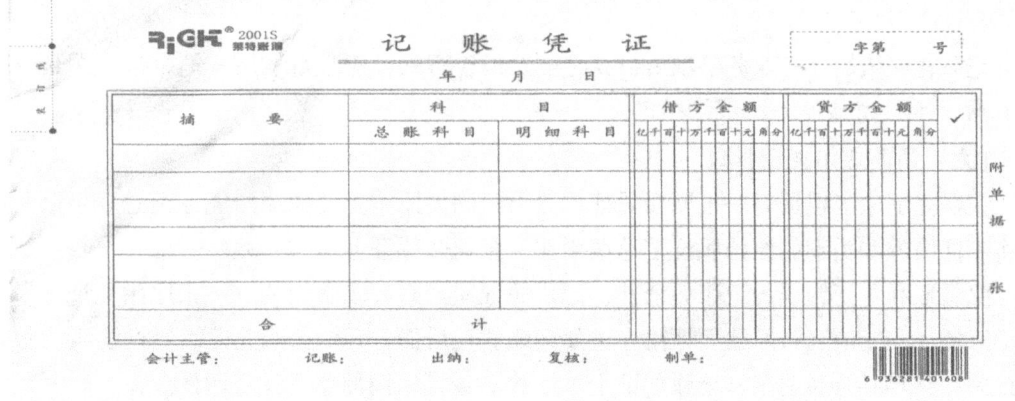

注：本实验中湖北省静友公司采用通用记账凭证。

二、记账凭证填写内容

记账凭证种类甚多，格式不一，但其主要作用都在于对原始凭证进行分类、整理，按照复式记账的要求，运用会计科目，编制会计分录，并据以登记账簿。因此，记账凭证必须具备以下基本内容。

（一）记账凭证日期

收款、付款业务的记账凭证的日期应是货币资金收付的实际日期，与原始凭证所记的日期不一定相同。

其他业务的记账凭证填制日期应当以会计部门受理会计事项日期为准，但在摘要栏要注明经济业务发生的实际日期。

（二）记账凭证编号

填制记账凭证时，应当按经济业务发生顺序连续编号。一笔经济业务需要填制两张以上记账凭证的，可以采用分数编号法编号。如1号会计事项分录需要填制三张记账凭证，编号为 $1\frac{1}{3}$、$1\frac{2}{3}$、$1\frac{3}{3}$。每月末每类最后一张记账凭证的编号旁还要加注"全"字。

（三）记账凭证摘要

填制记账凭证摘要应当抓住经济业务的要点，简明扼要地反映经济业务内容。

（四）会计科目

1. 记账凭证应当填写会计科目、明细科目全称，不得用科目编号或外文字母代替或简化。

2. 会计科目应当依次填写，科目之间不得留有空行；会计科目相同的，应当逐个填写科目全称，不得用符号代替；使用会计科目章的，应当与横格底线平行盖正。

（五）应借、应贷金额

记账凭证金额与所附原始凭证相应金额合计应当一致，科目借方金额合计与科目贷方金额合计应当相等。

记账凭证填制经济业务事项后，其金额栏的空行处，应当自最后一笔金额下至合计金额上画"ϟ"线或"／"线注销。

（六）所附原始凭证张数

记账凭证应当根据每一张原始凭证或若干张同类原始凭证或原始凭证汇总表填制。不得将不同内容和类别的原始凭证汇总填制在一张记账凭证上。

除结账和更正错误的记账凭证外，记账凭证应当附有原始凭证。一张原始凭证涉及多张记账凭证的，应当将原始凭证附在主要记账凭证后面，其他记账凭证摘要栏注明"原始凭证附在某年某月某册某号记账凭证上"字样，或同时附原始凭证复印件。

记账凭证的附件张数，按所附原始凭证的自然张数计算；原始凭证及其附件作为一张原始凭证。记账凭证必须进行审核，记账凭证审核与填制职责应当分离。对审核发现的不符合规定的会计凭证，应退回原填制人员进行更正。

（七）签名或盖章

记账凭证填写基本内容后，应当由制证人员签名或盖章、稽核人员稽核签名或盖章、会计机构负责人（会计主管人员）审核签名或盖章。涉及收款和付款的记账凭证还应有出纳人员的签名或盖章。记账时，记账人员应当在会计凭证的记账人员栏签名或盖章并标明记账标记"√"。

三、票据整理和粘贴要求

在日常报销工作中，经常发现有一些票据粘贴得不规范，例如一张纸上粘贴的票据太多、太乱、正反颠倒、很不整齐，或者是把票据粘贴在报纸上，这些都给会计报销的后续工作（会计合计金额、稽核、装订、会计档案保管等）带来很大的不便，尤其是耽误报销者的时间。财务票据粘贴要求规范如下。

（一）票据整理和粘贴要求

1. 票据分类。对于集中在一起报销的较多票据按照内容分类，分为办公用品、电话费、差旅费、业务招待费等，按类别分别粘贴在粘贴单上。同类票据（如餐费类、出租车票类等）中票据大小、金额相同的应集中在一起。

2. 票据粘贴。票据应沿着粘贴单装订线内侧均匀排开横向粘贴，避免将票据贴出粘贴单外。对于比粘贴单大的票据，也应沿着装订线开始粘贴，超出部分可以按照粘贴单大小折叠在粘贴范围之内；勿用订书器装订。

3. 粘贴票据的纸张大小。应用和报销单同样大小的结实的粘贴单或废纸粘贴，不要用报纸或比较薄的信纸粘贴，粘贴在其上的票据不能超出该纸张的范围。

4. 粘贴要求。粘贴在一张纸上的所有票据统一按由上向下、由左向右的一层层顺序均匀、整齐粘贴，确保粘贴后依然平整。票据的上下左右不得超出粘贴单，多出的部分可折叠起来。

5. 注意事项。

（1）长短票据一律横贴。

（2）票面一律朝上，不得反贴。

（3）粘贴时注意，票据金额要显示清楚，不要粘住有字迹的部分，数字不准涂改，所有票据经办人要签字。

（4）粘贴不规范的票据要重新粘贴。

（二）报销的原始单据要求

1. 从公司、企业或其他营利性组织取得的发票，必须由税务部门监制，并加盖收款单位的财务专用单或发票专用单，方为合法有效。

2. 凡在各大商场、超市购买物品，发票须附电脑打印明细报销。

3. 外单位自制的内部收据及三联单均不作为报销凭证。

4. 发票载明的内容必须完整，填写必须字迹清楚，大小写金额必须相符，金额不得涂改。

5. 开给本单位的发票上的客户或付款单位栏上只能填写本单位名称，该名称应与工商营业执照上单位名称一致。

6. 票据跨年度不得报销。

7. 自制的报销单据，如劳务薪酬发放，应填制相应的表格，填写规范，内容完整，并有单位负责人签字。

四、记账凭证的审核要求

记账凭证是登记账簿的直接依据。为保证账簿记录的正确性，以及会计信息的质量，记账前必须由专人对已编制的记账凭证进行认真、严格的审核。审核内容如下。

（一）合法性

审核记账凭证后是否附有原始凭证，其原始凭证是否齐全，内容是否合法；记账凭证的内容与所附原始凭证的内容是否相符，金额是否一致。

（二）正确性

审核凭证中应借应贷的科目是否正确，二级或明细科目是否齐全；账户对应关系是否清晰；金额计算是否准确无误。

（三）完整性

审核日期、摘要、凭证号等要素是否填写清楚，项目填写是否齐全，有关人员是否签名盖章等。在审核中若发现记账凭证的编制有差错或不完整，应查明原因，予以重填或及时更正。只有经过审核无误的记账凭证，才能据以记账。

五、记账凭证的错误更正

（1）如果在填制记账凭证时发生错误，应当重新填制。

（2）已经登记入账的记账凭证，发现填写错误时，可以用红字填写一张与原内容相同的记账凭证，在摘要栏注明"注销某月某日某号凭证"字样，同时再用蓝黑字重新填制一张正确的记账凭证，注明"订正某月某日某号凭证"字样。

（3）如果会计科目没有错误，只有金额错误，也可以将正确数字与错误数字之间的差额，另编制一张调整的记账凭证，调增金额用蓝黑字，调减金额用红字。

实验五 登记日记账、明细账

通过实验,掌握各种日记账、明细账账簿的登记方法及更正方法。

会计账簿是按照会计科目开设,由一定格式账页组成,以会计凭证为依据,全面、系统、连续地记录各项经济业务的簿籍。会计账簿将会计凭证收集的会计信息进行进一步的加工整理形成汇总信息,这是会计信息的加工和整理过程。登记账簿是会计实务的中心环节,为最终获取有用的会计信息提供直接依据。

一、登记账簿的一般原则

(1) 会计人员应当根据审核无误的会计凭证登记会计账簿。

(2) 登记会计账簿时,应当将会计凭证日期、编号、业务内容摘要、金额和其他有关资料逐项记入账内,做到数字准确、摘要清楚、登记及时、字迹工整。

(3) 登记完毕后,要在记账凭证上签名或者盖章,并注明已经登账的符号"√",表示已经记账。

(4) 账簿中书写的文字和数字上面要留有适当空格,不要写满格,一般应当占格距的1/2。

(5) 登记账簿要用蓝黑墨水笔或者碳素墨水笔书写,不得使用圆珠笔或者铅笔。

(6) 下列情况,可以用红色墨水笔记账。

①按照红字冲账的记账凭证,冲减错误记录。

②在不设借贷等栏的多栏式账页中,登记减少数。

③在三栏式账的余额栏前,未印有余额方向的,在余额栏内登记负数余额。

④根据相关的规定可以用红字登记的其他会计记录。

(7) 各种账簿按页次顺序连续登记,不得跳行、隔页。如果发生跳行、隔页,应当将空行、空页画线注销,或者注明"此行空白""此页空白"字样,并由记账人员签名或者盖章。

(8) 凡需要结出余额的账户,给出余额后,应当在"借或贷"等栏内写明"借"或者"贷"等字样。没有余额的账户,应当在"借或贷"栏内写"平"字,并在余额栏内用"Ø"表示,现金日记账和银行日记账必须逐项结出余额。

(9) 每一账页登记完毕结转下页时，应当结出本页合计数及余额。将本页合计数及余额写在下页第一行有关栏内，并在摘要栏内注明"承前页"字样。

二、错账的查找

会计账簿的日常登记是一项细致的工作，稍有不慎就会发生错误。为了及时发现和更正这些错误，就需要对账簿记录进行检查。账簿错误的查找方法主要有以下几种。

（一）个别检查法

个别检查法，即针对错账的数字来进行检查的方法。这种方法适用于检查方向记反、数字错误和数字颠倒等造成的记账错误。个别检查法又可以分为差数法、除2法和除9法三种。

1. 差数法。差数法，就是记账人员首先确定错账的差数（借方与贷方的差额），再根据差数去查找错误的方法。这种方法对于发现漏记账目比较有效，也很简便。

2. 除2法。除2法，也称为倍数法，就是首先算出借方和贷方的差额，再根据差额的一半来查找错误的方法。这种方法适用于会计账簿因记账方向错写而造成的错误。

3. 除9法。除9法，与除2法原理一致，就是首先算出借方和贷方的差额，再除以9来查找错误的方法。此方法适用于错位和数字颠倒这两种情况。

(1) 数字错位。

①将数字写小。以差数除以9后得出的商为写错的数字，商再乘以10后为正确的数字。例如，将800写成80，此例差数为720（即800-80），除以9，所得的商80即为错数，扩大10倍后即可得到正确的数字800元。

②将数字写大。以差数除以9得出的商为正确的数字，商乘以10后所得的积为错误数字。例如，将100写成1 000，此例差数为900（即1 000-100），除以9后所得的商100为正确的数字，商乘以10等于1 000即为错误的数字。

(2) 数字（邻数）颠倒。例如，某借方金额1 685颠倒为1 658，造成借方合计少于贷方合计，其差额为27（1 685-1 658），将差额除以9，其商（3）即为被颠倒两数（8和5）之差。凡商为个位数者，则是个位数与十位数的颠倒；凡商为十位数者，则是十位数与百位数的颠倒；凡商为百位数者，则是百位数与千位数的颠倒；依次类推。

（二）全面检查法

全面检查法，是对一定时期的账目进行全面核对的检查方法，具体又分为顺查法和逆查法两种。

1. 顺查法。顺查法，就是按照记账的顺序，从头到尾依次检查原始凭证、记账凭证、总账、明细账以及会计科目余额表等的方法。

2. 逆查法。逆查法，与记账的顺序相反，也就是首先检查科目余额表中数字的计算是否正确，其次检查各账户的计算是否正确，再次核对各账簿与记账凭证是否相符，最后检查记账凭证与原始凭证是否相符的方法。

三、错账更正方法

会计账簿发生错误时,应当按照规定的更正方法进行更正,更正方法一般有画线更正法、补充登记法、红字更正法三种方法。

(一) 画线更正法

在结账以前,如果发现会计账簿记录有文字或数字错误,而记账凭证没有错误,可采用画线更正法。采用画线更正法更正错误时,先在错误的数字或文字上画一条红线以示注销,但所画线条必须使原有字迹仍可辨认,然后在错误的数字或文字上方空白处填写正确的数字或文字,并由记账人员或会计机构负责人(会计主管人员)在更正处盖章以示负责。对于文字错误,可只画去错误的部分进行更正;对于数字错误,必须全部画掉,不能只画去错误数字,见附表5-9。

(二) 补充登记法

如果发现记账错误是由记账凭证所列金额小于应计金额而引起的,但记账凭证中所列会计科目及其对应关系均正确,可以采用补充登记法更正记账错误。更正的方法是,按照应计金额与错误数字的差额,用蓝黑字编制一张记账凭证补充登记。更正的记账凭证应由会计人员和会计机构负责人(会计主管人员)盖章。

(三) 红字更正法

如果在记账以后发现记账错误是由记账凭证所列会计科目或金额有错误引起的,可采用红字更正法。红字更正法一般适用于以下两种情况。

1. 在记账后发现记账凭证中的应借、应贷的会计科目有错误,可用红字更正法予以更正。更正的方法是,先用红字填制一张与原错误记账凭证完全相同的记账凭证,在摘要栏内注明"冲销某月某日第某号记账凭证的错误",并据此用红字登记入账,以冲销原有的错误记录;然后用蓝黑字填制一张正确的记账凭证,在摘要栏内注明"补记某月某日账",并据此登记入账。

2. 记账以后发现记账凭证和账簿中所计金额大于应计金额,而应借、应贷的会计科目并无错误,也应采用红字更正法。更正的方法是,用红字按多记的金额填制一张应借、应贷的会计科目与原有错误记账凭证相同的记账凭证,在摘要栏内注明"冲销某月某日第某号记账凭证多记金额",并据此用红字登记入账,以冲销多记的金额。更正的记账凭证应由会计人员和会计机构负责人(会计主管人员)盖章。

四、案例分析

【案例5-1】 12月1日收到湖北省致远有限公司签发的转账支票一张（见表5-1），该支票系该公司支付前欠本公司货款。根据该支票填写银行对账单，到本单位开户银行办理入账手续。

表5-1

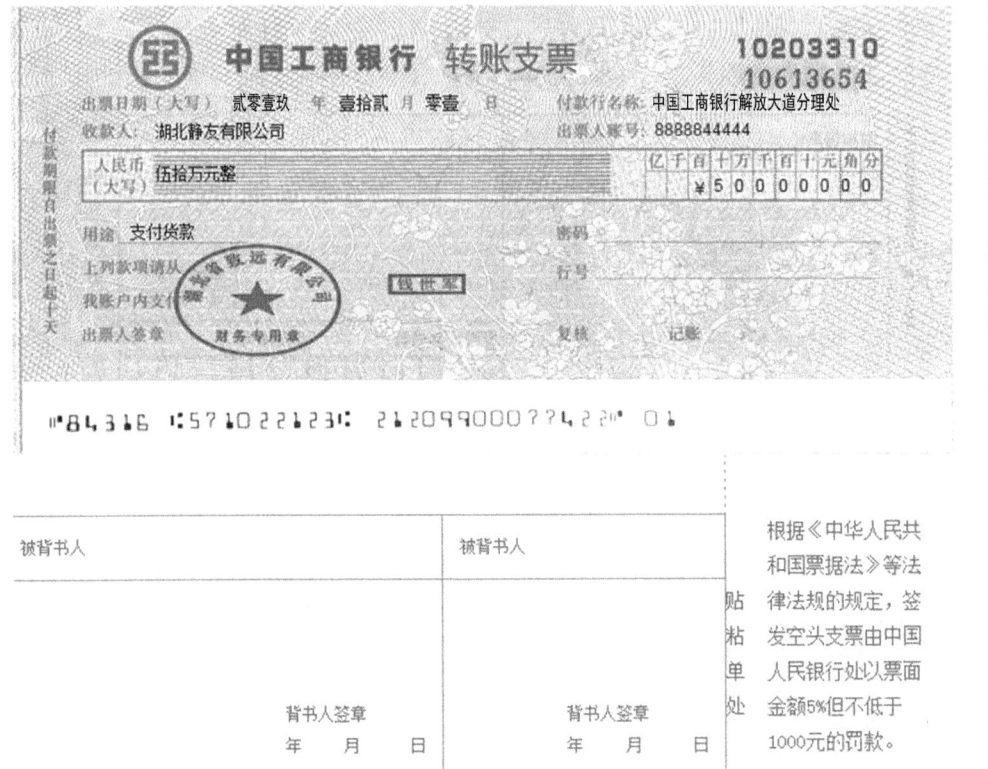

第一步：填写原始凭证。

湖北省静友有限公司财务部出纳李小朋收到转账支票后，到银行填写一式三联"中国工商银行进账单"，连同转账支票一起送存本单位开户银行，收款人开户银行受理后，经审核无误，在进账单上加盖印章，并将"中国工商银行进账单（收款通知）"联退回收款人，作为收款人入账的依据，如表5-2所示。

表 5-2

中国工商银行进账单(收账通知)   3
2019 年 12 月 01 日

出票人	全称	湖北省致远有限公司		收款人	全称	湖北省静友有限公司
	账号	8888844444			账号	8888899999
	开户银行	中国工商银行解放大道分理处			开户银行	中国工商银行中山路分理处

金额 人民币（大写） 伍拾万元整　　￥500000 00

票据种类 转账支票　　票据张数 1张

票据号码 10613654

（中国工商银行中山路分理处 20191202 转讫）

复核　　记账　　收款人开户银行盖章

第二步：审核原始凭证，填写与审核记账凭证。

1. 明细账会计王艺平根据原始凭证的审核要求，审核原始凭证"中国工商银行进账单（收账通知）"。

2. 根据审核无误的原始凭证"中国工商银行进账单（收账通知）"，填制1号记账凭证，如表5-3所示。

3. 将原始凭证粘贴在粘贴单上，并在记账凭证上填写附单据数量"1"。

4. 在记账凭证制单栏上签名或盖章"王艺平"。

5. 总账会计张军梅根据记账凭证的审核要求，审核记账凭证，并在记账凭证复核栏上签名或盖章"张军梅"。

表 5-3

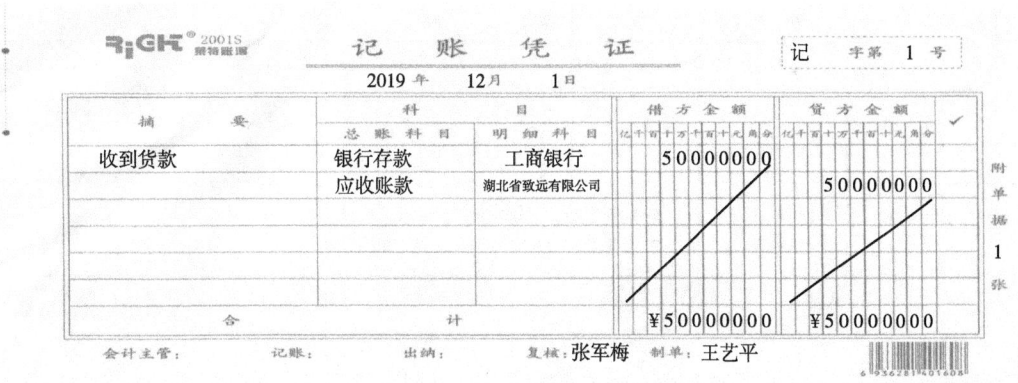

第三步：登记日记账和明细账。

1. 出纳李小朋根据审核无误的1号记账凭证及所附原始凭证，登记银行存款日记账，见附表5-2。登记完毕后，在记账凭证上标注已经登账的符号"√"，表示已经记账，并在1号记账凭证出纳栏上签名或者盖章"李小朋"，如表5-4所示。

2. 明细账会计王艺平根据审核无误的1号记账凭证及所附原始凭证，登记应收账款（湖北省致远有限公司）明细账，见附表5-3。登记完毕后，在记账凭证上标注已经登账的符号"√"，表示已经记账，并在1号记账凭证记账栏上签名或者盖章"王艺平"，如表5-4所示。

表 5-4

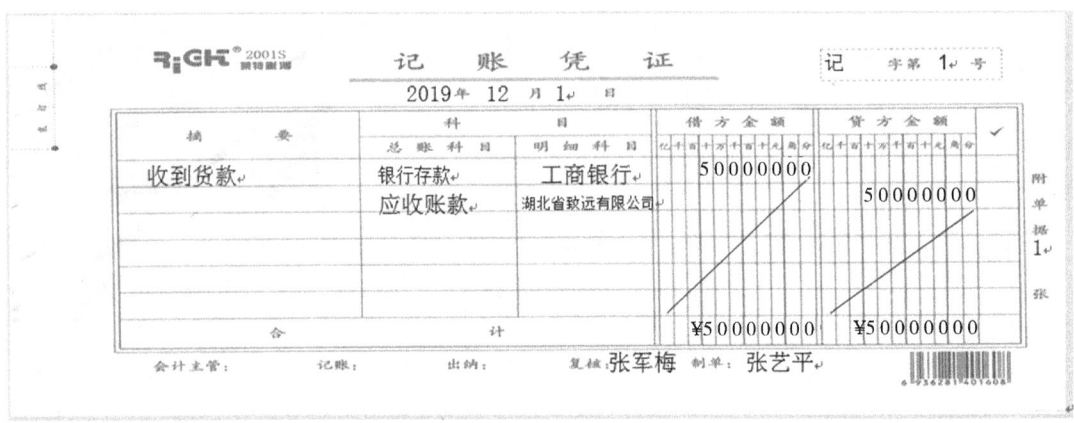

【案例5-2】12月2日办公室张超凡借支现金1 000元购买办公用品，并填写借款单（见表5-5）。

表 5-5

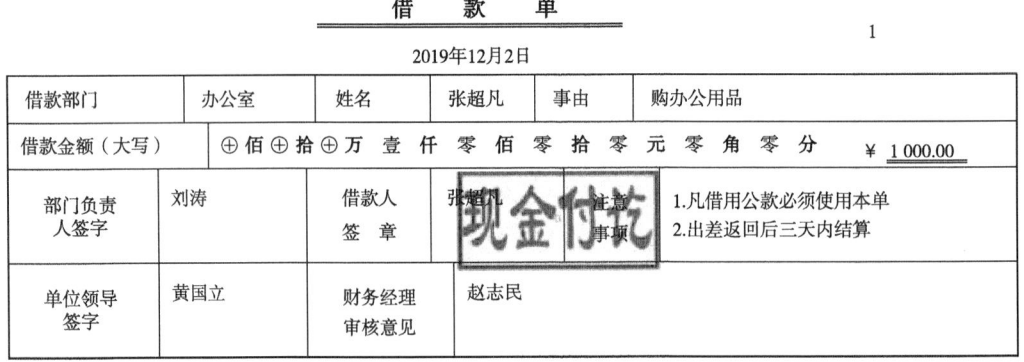

第一步：审核原始凭证，填写与审核记账凭证。

1. 明细账会计王艺平根据原始凭证的审核要求，审核原始凭证"借款单"。
2. 根据审核无误的原始凭证"借款单"，填制 2 号记账凭证，如表 5-6 所示。
3. 将原始凭证粘贴在粘贴单上，并在记账凭证上填写附单据数量"1"。
4. 在记账凭证制单栏上签名或盖章"王艺平"。
5. 总账会计张军梅根据记账凭证的审核要求，审核记账凭证，并在记账凭证复核栏上签名或盖章"张军梅"。

表 5-6

记 账 凭 证

2019年12月2日　　　　　　　　　　　　　　　记字第2号

摘要	科目		借方金额	贷方金额	√
	总账科目	明细科目	亿千百十万千百十元角分	亿千百十万千百十元角分	
借款	其他应收款	张超凡	1 0 0 0 0 0		附单据1张
	库存现金			1 0 0 0 0 0	
	合　　　计		¥　　　1 0 0 0 0 0	¥　　　1 0 0 0 0 0	

会计主管：　　　　记账：　　　　出纳：　　　　复核：张军梅　　　　制单：王艺平

第二步：登记日记账和明细账。

1. 明细账会计王艺平根据审核无误的 2 号记账凭证及所附原始凭证"借款单"，登记其他应收款（张超凡）明细账，见附表 5-4。登记完毕后，在记账凭证上标注已经登账的符号"√"，表示已经记账，并在 2 号记账凭证记账栏上签名或者盖章"王艺平"，如表 5-7 所示。

2. 出纳李小朋根据审核无误的 2 号记账凭证及所附原始凭证，登记现金日记账，见附表 5-1。登记完毕后，在记账凭证上标注已经登账的符号"√"，表示已经记账，并在 2 号记账凭证出纳栏上签名或者盖章"李小朋"，如表 5-7 所示。

表 5-7

记 账 凭 证

2019年12月2日　　　　　　　　　　　　　　　　　　　记字第2号

摘　要	科　目		借 方 金 额	贷 方 金 额	
	总账科目	明细科目	亿千百十万千百十元角分	亿千百十万千百十元角分	√
借款	其他应收款	张超凡	1 0 0 0 0 0		√ 附单据1张
	库存现金			1 0 0 0 0 0	√
合　　　计			¥ 1 0 0 0 0 0	¥ 1 0 0 0 0 0	

会计主管：　　　记账：王艺平　　　出纳：李小朋　　　复核：张军梅　　　制单：王艺平

【案例5-3】12月2日向湖北省致远有限公司销售产品（其中：销售甲产品1 000件，单价为600元/件；销售乙产品1 200件，单价为700元/件），收到转账支票一张（见表5-8），根据该支票填写银行进账单，到本单位开户银行办理入账手续。会计人员根据实际销售情况开具该笔销售业务的增值税专用发票，并按实际销售数量开具产成品出库单，仓库管理人员根据产成品出库单发货。

表 5-8

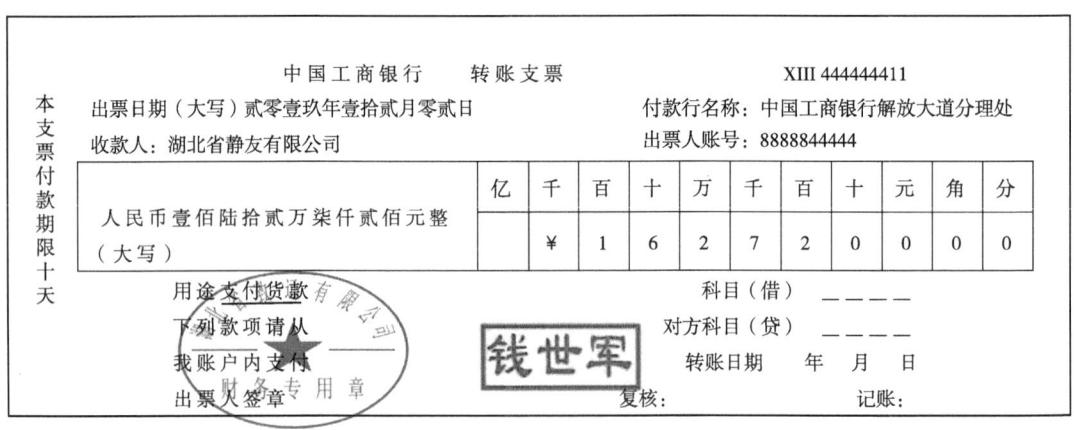

第一步：填写原始凭证。

1. 出纳李小朋收到转账支票后，到银行填写一式三联"中国工商银行进账单"，连同转账支票一起送存本单位开户银行，收款人开户银行受理后，经审核无误，在进账单上加盖印章，并将"中国工商银行进账单（收款通知）"联退回收款人，作为收款人入账的依据，如表5-9所示。

表 5-9

中国工商银行进账单（收账通知）

2019年12月2日   3

付款人	全 称	湖北省致远有限公司	收款人	全 称	湖北省静友有限公司
	账 号	8888844444		账 号	8888899999
	开户银行	中国工商银行解放大道分理处		开户银行	中国工商银行中山路分理处
金额	人民币（大写）壹佰陆拾贰万柒仟贰佰元整				千百十万千百十元角分 ¥ 1 6 2 7 2 0 0 0 0
票据种类	转账支票	票据张数	1张		收款人开户银行签章
票据号码	44444411				
		复核	记账		

此联是开户银行交给收款人的回单

2. 明细账会计王艺平根据本公司销售业务开具增值税专用发票，如表 5-10 所示。

表 5-10

湖北增值税专用发票
发票联
国家税务总局监制

No 00666660

开票日期：　　2019年12月2日

购货单位	名 称	湖北省致远有限公司	密码区	（略）
	纳税人识别号：	6666644444		
	地 址、电话：	武汉市汉口解放大道44号027-22224444		
	开户行及账号：	中国工商银行解放大道分理处8888844444		

货物或应税劳务名称	规格型号	单位	数量	单价	金额	税率	税额
甲产品		件	1 000	600.00	600 000.00	13%	78 000.00
乙产品		件	1 200	700.00	840 000.00	13%	109 200.00
合 计					1 440 000.00		187 200.00
价税合计（大写）	⊕壹佰陆拾贰万柒仟贰佰元整					（小写）¥ 1 627 200.00	

销货单位	名 称	湖北省静友有限公司	备注	
	纳税人识别号：	6666699999		
	地 址、电话：	武汉市武昌区中山路99号027-22229999		
	开户行及账号：	中国工商银行中山路分理处8888899999		

收款人：李小朋　　复核：　　开票人：王艺平　　销货单位（章）

第三联 记账联 销货单位记账凭证

3. 按实际销售数量开具产品出库单（见表 5-11），办理产品出库。

表 5-11　　　　　　　　　　　　　产成品出库单

购货单位：致远公司　　　　　　　　　　　　　　　　编号：99999960
业务员：　　　　　　　　　2019 年 12 月 2 日　　　　　仓库：产成品仓库

类别	编号	产品名称	规格	计量单位	数量		单价	金额	备注
					请购	实发			
		甲产品		件	1 000	1 000			
		乙产品		件	1 200	1 200			

仓库主管：　　　　记账：　　　　发货人：　　　　经办人：

第二步：审核原始凭证，填写与审核记账凭证。

1. 明细账会计王艺平根据原始凭证的审核要求，审核原始凭证"中国工商银行进账单（收款通知）"和"湖北省增值税专用发票"以及"产成品入库单"。

2. 根据审核无误的原始凭证"湖北省增值税专用发票""中国工商银行进账单（收款通知）""产成品入库单"填制 3 号记账凭证，如表 5-12 所示。

3. 将原始凭证粘贴在粘贴单上，并在记账凭证上填写附单据数量"3"。

4. 在记账凭证制单栏上签名或盖章"王艺平"。

5. 总账会计张军梅根据记账凭证的审核要求，审核记账凭证，并在记账凭证复核栏上签名或盖章"张军梅"。

表 5-12

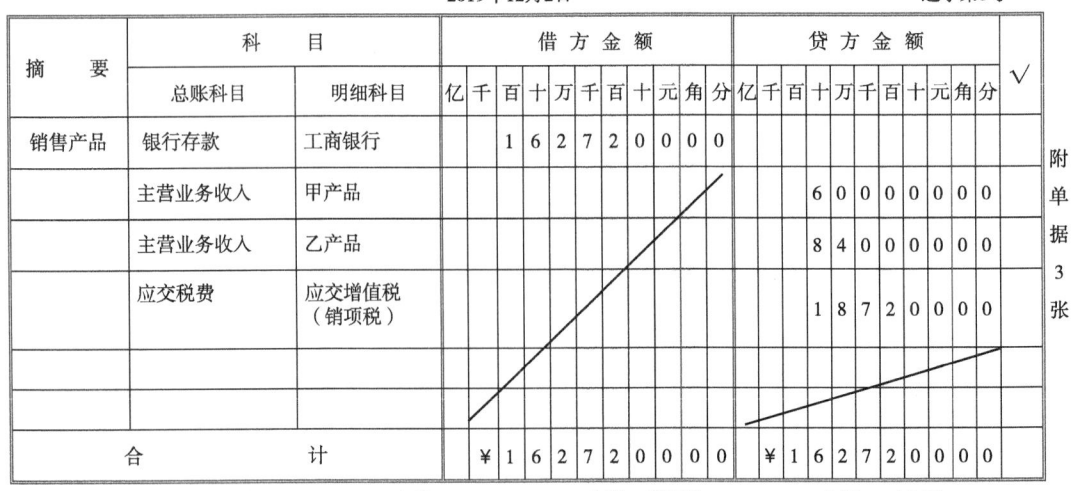

记　账　凭　证

2019年12月2日　　　　　　　　　　　　　　　　　通字第3号

摘要	科目		借方金额	贷方金额	√
	总账科目	明细科目	亿千百十万千百十元角分	亿千百十万千百十元角分	
销售产品	银行存款	工商银行	1 6 2 7 2 0 0 0 0		附单据3张
	主营业务收入	甲产品		6 0 0 0 0 0 0 0	
	主营业务收入	乙产品		8 4 0 0 0 0 0 0	
	应交税费	应交增值税（销项税）		1 8 7 2 0 0 0 0	
合　　计			¥ 1 6 2 7 2 0 0 0 0	¥ 1 6 2 7 2 0 0 0 0	

会计主管：　　　记账：　　　出纳：　　　复核：张军梅　　　制单：王艺平

第三步：登记日记账和明细账。

1. 出纳李小朋根据审核无误的 3 号记账凭证及所附原始凭证，登记银行存款日记账，见附表 5-2。登记完毕后，在记账凭证上标注已经登账的符号"√"，表示已经记账，并在 3 号记账凭证出纳栏上签名或者盖章"李小朋"，如表 5-13 所示。

2. 明细账会计王艺平根据审核无误的 3 号记账凭证及所附原始凭证，登记主营业务收入（甲产品）明细账，见附表 5-8；登记主营业务收入（乙产品）明细账，见附表 5-8；登记应交税费（增值税）明细账，见附表 5-7。登记完毕后，在记账凭证上标注已经登账的符号"√"，表示已经记账，并在 3 号记账凭证记账栏上签名或者盖章"王艺平"，如表 5-13 所示。

表 5-13

记 账 凭 证

2019年12月2日　　　　　　　　　　　　　　　　通字第3号

摘要	科目		借方金额										贷方金额										√	
	总账科目	明细科目	亿	千	百	十	万	千	百	十	元	角	分	亿	千	百	十	万	千	百	十	元	角	分	
销售产品	银行存款	工商银行				1	6	2	7	2	0	0	0												√
	主营业务收入	甲产品																6	0	0	0	0	0	0	√
	主营业务收入	乙产品																8	4	0	0	0	0	0	√
	应交税费	应交增值税（销项税）															1	8	7	2	0	0	0		√
合　　计			¥			1	6	2	7	2	0	0	0	¥			1	6	2	7	2	0	0	0	

附单据3张

会计主管：　　　　记账：王艺平　　　　出纳：李小朋　　　　复核：张军梅　　　　制单：王艺平

【案例 5-4】12 月 3 日从湖北省诚信有限公司购材料一批，收到增值税专用发票一张（见表 5-14），签发转账支票一张（系付材料款）。该批材料已通过验收，所到材料与增值税发票记载核对无误，并据此填制该批材料入库单。

表 5-14

湖北增值税专用发票
发票联

No 33333330

开票日期：2019年12月3日

购货单位	名　　称：湖北省静友有限公司					密码区	（略）		
	纳税人识别号：6666699999								
	地　址、电话：武汉市武昌区中山路99号027-22229999								
	开户行及账号：中国工商银行中山路分理处8888899999								
货物或应税劳务名称	规格型号	单位	数量	单价	金额		税率	税额	
A材料		千克	3 500	220.00	770 000.00		13%	100 100.00	
B材料		千克	2 500	180.00	450 000.00		13%	58 500.00	
合　　计					1 220 000.00			158 600.00	
价税合计（大写）	⊕壹佰叁拾柒万捌仟陆佰元整						（小写）￥1 378 600.00		
销货单位	名　　称：湖北省诚信有限公司					备注			
	纳税人识别号：6666633333								
	地　址、电话：武汉市武昌区黄鹤路33号027-22223333								
	开户行及账号：中国工商银行黄鹤楼分理处8888833333								

收款人：　　　　　复核：鲁明　　　　　开票人：李波　　　　　销货单位（章）

第一步：填写原始凭证。

1. 填写原材料入库单，办理材料入库，如表 5-15 所示。

表 5-15

原材料入库单

仓库名称：原材料仓库　　　　　2019年12月3日　　　　　No

材料名称	规格	单位	数量		单价	金额	运杂费	金额合计	发货单位
			应收	实收					
A材料		千克	3 500	3 500	220.00	770 000.00		770 000.00	
B材料		千克	2 500	2 500	180.00	450 000.00		450 000.00	合同号
合计									

财务主管：　　　　　业务科长：　　　　　仓库验收：张兰　　　　　采购员：王明

2. 出纳李小朋根据湖北省诚信有限公司的增值税专用发票，按应付的款项签发转账支票，加盖银行预留印鉴后按骑缝线剪开，正本交收款人，存根留下作为付款依据，如表5-16所示。

表 5-16

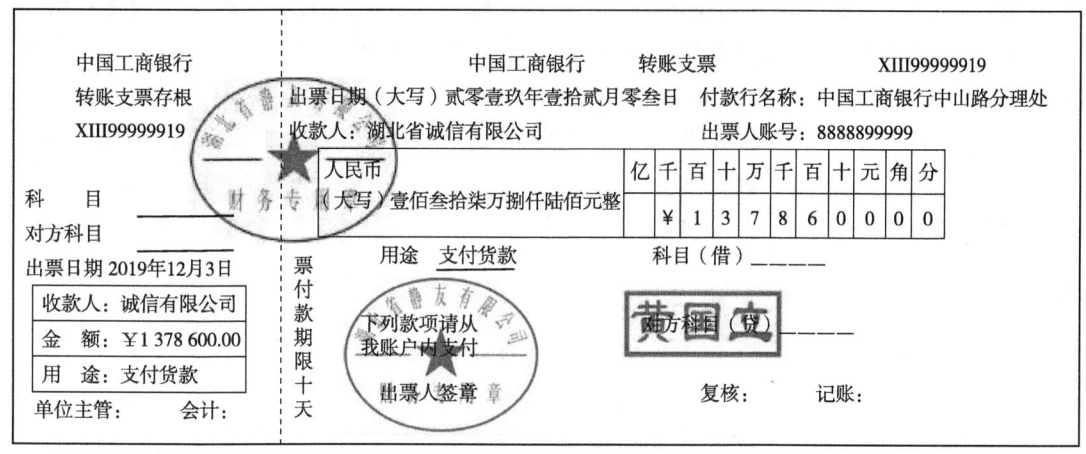

第二步：审核原始凭证，填写与审核记账凭证。

1. 明细账会计王艺平根据原始凭证的审核要求，审核原始凭证"湖北省增值税专用发票""转账支票存根""原材料入库单"。

2. 根据审核无误的原始凭证"湖北省增值税专用发票""转账支票存根""原材料入库单"填制4号记账凭证，如表5-17所示。

3. 将原始凭证粘贴在粘贴单上，并在记账凭证上填写附单据数量"3"。

4. 在记账凭证制单栏上签名或盖章"王艺平"。

5. 总账会计张军梅根据记账凭证的审核要求，审核记账凭证，并在记账凭证复核栏上签名或盖章"张军梅"。

表 5-17

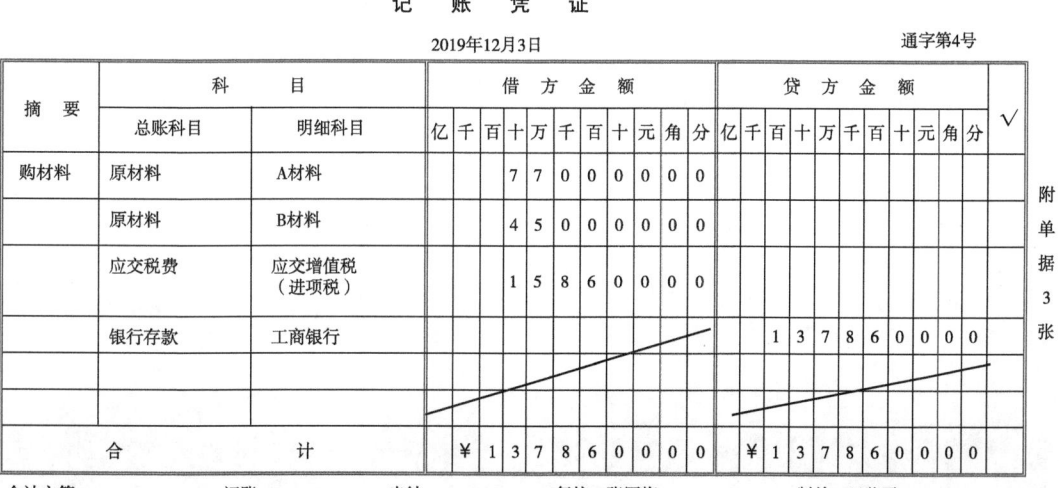

第三步：登记日记账和明细账。

1. 明细账会计王艺平根据审核无误的 4 号记账凭证及所附原始凭证，登记原材料（A 材料）明细账，见附表 5-5；登记原材料（B 材料）明细账，见附表 5-6；登记应交税费（增值税）明细账，见附表 5-7。登记完毕后，在记账凭证上标注已经登账的符号"√"，表示已经记账，并在 4 号记账凭证记账栏上签名或者盖章"王艺平"，如表 5-18 所示。

2. 出纳李小朋根据审核无误的 4 号记账凭证及所附原始凭证，登记银行存款日记账，见附表 5-2。登记完毕后，在记账凭证上标注已经登账的符号"√"，表示已经记账，并在 4 号记账凭证上出纳栏签名或者盖章"李小朋"。

表 5-18

记 账 凭 证

2019年12月3日　　　　　　　　　　　　　　　　　　　　　通字第4号

摘要	科目		借方金额										贷方金额										√	
	总账科目	明细科目	亿	千	百	十	万	千	百	十	元	角	分	亿	千	百	十	万	千	百	十	元	角	分	
购材料	原材料	A材料				7	7	0	0	0	0	0	0												√
	原材料	B材料				4	5	0	0	0	0	0	0												√
	应交税费	应交增值税（进项税）				1	5	8	6	0	0	0	0												√
	银行存款	工商银行															1	3	7	8	6	0	0	0	√
合计			¥			1	3	7	8	6	0	0	0	¥			1	3	7	8	6	0	0	0	

附单据 3 张

会计主管：　　　　记账：王艺平　　　　出纳：李小朋　　　　复核：张军梅　　　　制单：王艺平

实验资料

1.12月1日，收到湖北省致远有限公司签发的转账支票一张（见表5-19），该支票系该公司支付前欠本公司货款。根据该支票填写银行进账单（见表5-20），到本单位开户银行办理入账手续。

表5-19

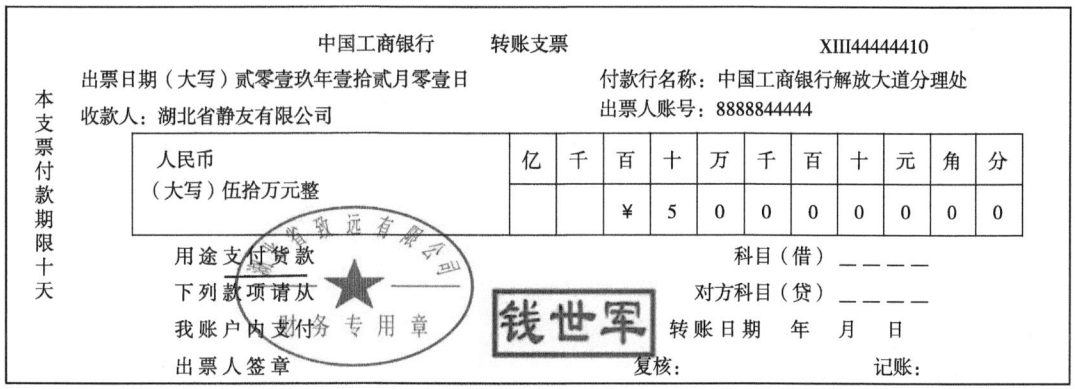

表5-20

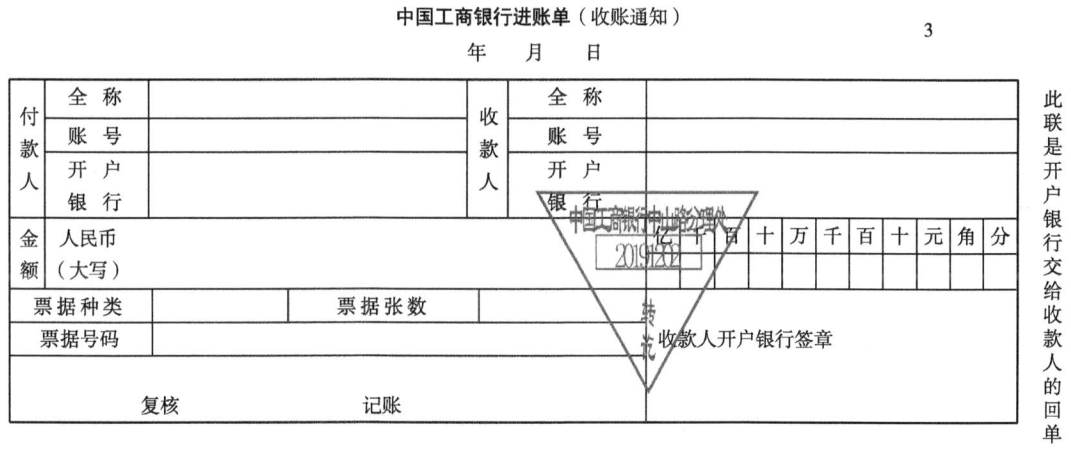

2.12月2日，办公室张超凡借支现金1 000元购办公用品，借款单如表5-21所示。

表5-21

3. 12月2日，向湖北省致远有限公司销售产品（其中：销售甲产品1 000件，单价为600元/件；销售乙产品1 200件，单价为700元/件），收到转账支票一张（见表5-22），根据该支票填写进账单（见表5-23），到本单位开户银行办理入账手续。会计人员根据实际销售情况开具该笔销售业务的增值税专用发票（见表5-24），并按实际销售数量开具产成品出库单（见表5-25），仓管人员根据产成品出库单发货。

表5-22

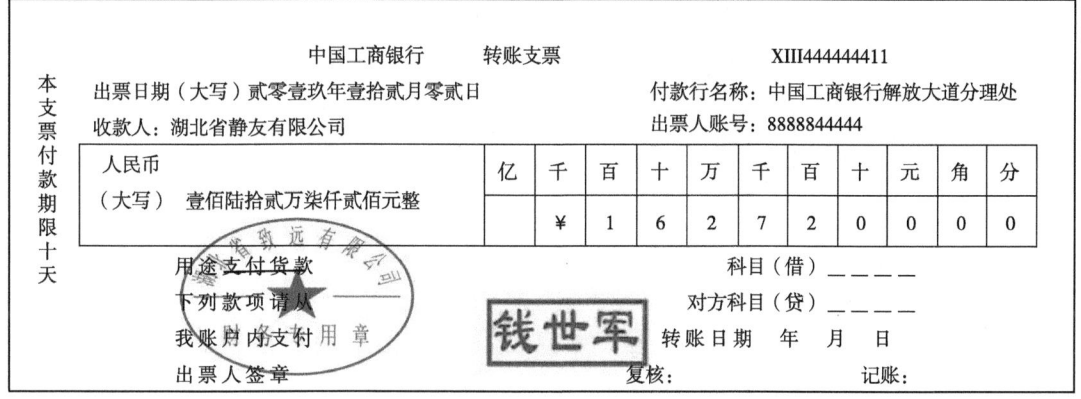

表5-23

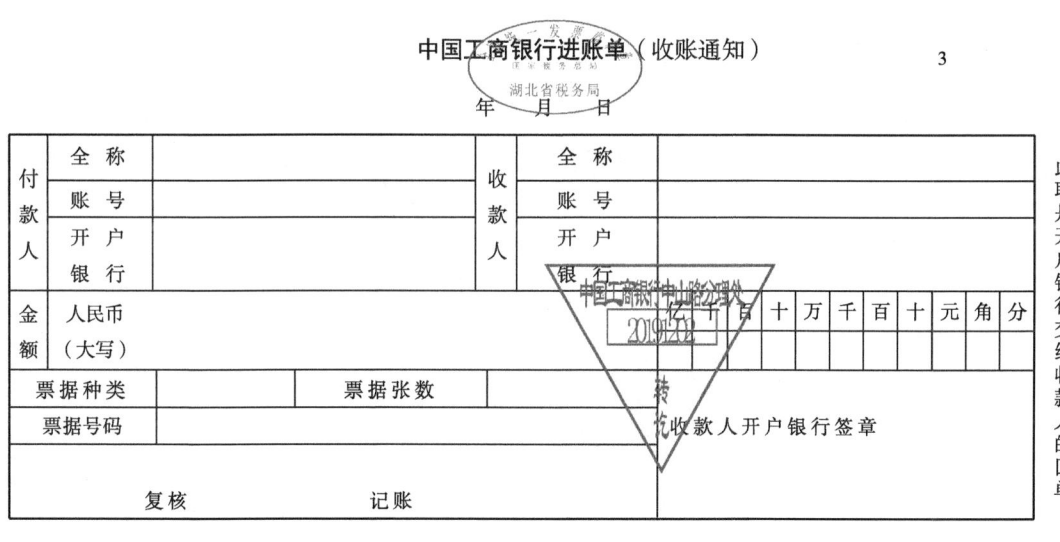

表 5-24

湖北增值税专用发票
记账联

No 00666660

开票日期： 年 月 日

购货单位	名　　　称：
	纳税人识别号：
	地　址、电　话：
	开户行及账号：

密码区　（略）

第三联　记账联　销货单位记账凭证

货物或应税劳务名称	规格型号	单位	数量	单价	金额	税率	税额
合　　计							
价税合计（大写）				（小写）			

销货单位	名　　　称：
	纳税人识别号：
	地　址、电　话： 备注 6666699999
	开户行及账号：

收款人：　　　复核：　　　开票人：　　　销货单位（章）

表 5-25　　　　　　　　　　　　产成品出库单

购货单位：　　　　　　　　　　　　　　　　　　编号：99999960

业务员：　　　　　　　年　月　日　　　　　　仓库：

类别	编号	产品名称	规格	计量单位	数量		单价	金额	备注
					请购	实发			
…									

仓库主管：　　　记账：　　　发货人：　　　经办人：

4. 12 月 3 日，从湖北省诚信有限公司购材料一批，收到增值税专用发票（见表 5-26）一张，签发转账支票一张系支付材料款。该批材料已通过验收，所到材料与增值税发票记载核对无误，请据此填制该批材料入库单（见表 5-27）和转账支票（见表 5-28）。

表 5-26

湖北增值税专用发票票
发票联

No 33333330

开票日期：2019年12月3日

购货单位	名　　称：	湖北省静友有限公司	密码区	（略）
	纳税人识别号：	6666699999		
	地　址、电　话：	武汉市武昌区中山路99号027-22229999		
	开户行及账号：	中国工商银行中山路分理处8888899999		

货物或应税劳务名称	规格型号	单位	数量	单价	金额	税率	税额
A材料		千克	3 500	220.00	770 000.00	13%	100 100.00
B材料		千克	2 500	180.00	450 000.00	13%	58 500.00
合计					1 220 000.00		158 600.00

价税合计（大写）	⊕壹佰叁拾柒万捌仟陆佰元整	（小写）　¥1 378 600.00

销货单位	名　　称：	湖北省诚信有限公司	备注
	纳税人识别号：	6666633333	
	地　址、电　话：	武汉市武昌区黄鹤路33号027-22223333	
	开户行及账号：	中国工商银行黄鹤楼分理处8888833333	

收款人：　　　　复核：鲁明　　　　开票人：李波　　　　销货单位（章）

表 5-27

原材料入库单

仓库名称：　　　　　　　　　　年　月　日　　　　　　　　　No

材料名称	规格	单位	数量		单价	金额	运杂费	金额合计	发货单位
			应收	实收					
									合同号
合计									

财务主管：　　　　业务科长：　　　　仓库验收：　　　　采购员：

表 5-28

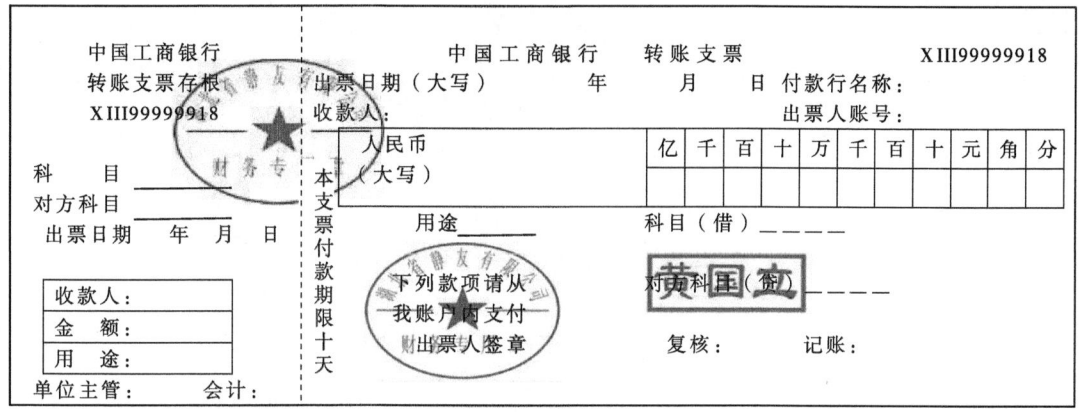

5. 12月5日，根据相关账户账面所列数据缴纳上月应交税费（公司所得税实行按季预缴），如表 5-29、表 5-30 和表 5-31 所示。

表 5-29

税款计算表

2019 年 12 月 5 日

品目名称	计税金额或销售收入	税率或单位税额	已缴或扣除额	实缴金额	所属时间
增值税收入	2 896 575.00	13%	351 554.75	25 000.00	2019-11-1 至 2019-11-30
城市维护建设税	25 000.00	7%		1 750.00	2019-11-1 至 2019-11-30
教育费附加	25 000.00	3%		750.00	2019-11-1 至 2019-11-30

表 5-30

中 华 人 民 共 和 国
税 收 完 税 证 明

No：3420151908000003838

填发日期：2019年12月5日　　　税务机关：国家税务总局武汉市武昌区税务局

纳税识别号	6666699999		纳税人名称		湖北省静友有限公司	
原始凭证号	税种	品目名称	税款所属时间	入（退）库日期	实缴（退）金额	
	增值税	市区	2019-11-1至2019-11-30	2019-12-5	25 000.00	收据联 交纳人作税证明
	城市维护建设税		2019-11-1至2019-11-30	2019-12-5	1 750.00	
	教育费附加		2019-11-1至2019-11-30	2019-12-5	750.00	
金额合计	（大写）人民币贰万柒仟伍佰元整				¥27 500.00	
税务机关（盖章）		填票人 王天	备注 代开发票预收款 正税 主管税务所（科、局）：国家税务总局武汉市武昌区税务局第一税务所			

表5-31

中国工商银行电子银行电子缴税付款凭证

缴税日期：2019年12月05日　　　　　　　　　　　　　　　凭证字号：

纳税人全称及纳税人识别号：湖北省静友有限公司6666699999	
付款人全称：湖北省静友有限公司	
付款人账号：8888899999	征税机关名称：国家税务总局武汉市武昌区税务局
付款人开户银行：中国工商银行中山路分理处库	收款国库（银行）名称：国家金库武汉市武昌区支
小写（合计）金额：¥27 500.00	缴款书交易流水号：20191205001
大写（合计）金额：人民币贰万柒仟伍佰元整	税票号码：332016191200197966

税（费）名称	所属日期	实缴金额（单位：元）
增值税	20191101—20191130	25 000.00
城市维护建税	20191101—20191130	1 750.00
教育费附加	20191101—20191130	750.00

第一次打印　　　　　　　　　　　　　　　　　　　　打印时间：2019年12月06日

6. 12月6日，由银行代为发放上月工资。按照上月月底计提的职工工资实发金额签发转账支票一张（见表5-32），将该实发工资由基本账户转入工资结算账户（收款人：湖北省静友有限公司代发工资户；开户行及账号：中国工商银行中山路分理处 8888899999），工资结算汇总见表5-33。

表5-32

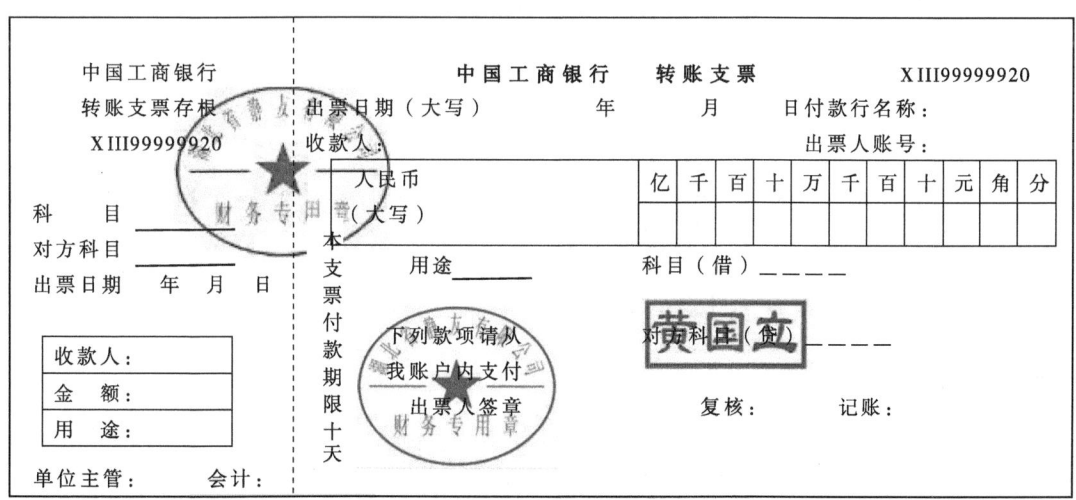

表 5-33

工资结算汇总表

2019 年 11 月 30 日

单位：元

<table>
<tr><th rowspan="2">车间、部门</th><th rowspan="2">类型</th><th rowspan="2">职工人数</th><th rowspan="2">应付工资</th><th colspan="5">代扣三险一金</th><th rowspan="2">实发工资</th></tr>
<tr><th>养老保险（8%）</th><th>医疗保险（2%）</th><th>失业保险（1%）</th><th>住房公积金（10%）</th><th>小计</th></tr>
<tr><td rowspan="3">基本生产车间</td><td>生产工人</td><td>65</td><td>142 000.00</td><td>11 360.00</td><td>2 840.00</td><td>1 420.00</td><td>14 200.00</td><td>29 820.00</td><td>112 180.00</td></tr>
<tr><td>管理人员</td><td>4</td><td>9 500.00</td><td>760.00</td><td>190.00</td><td>95.00</td><td>950.00</td><td>1 995.00</td><td>7 505.00</td></tr>
<tr><td>小计</td><td>69</td><td>151 500.00</td><td>12 120.00</td><td>3 030.00</td><td>1 515.00</td><td>15 150.00</td><td>31 815.00</td><td>119 685.00</td></tr>
<tr><td colspan="2">企业管理部门</td><td>10</td><td>24 500.00</td><td>1 960.00</td><td>490.00</td><td>245.00</td><td>2 450.00</td><td>5 145.00</td><td>19 355.00</td></tr>
<tr><td colspan="2">销售部门</td><td>8</td><td>20 500.00</td><td>1 640.00</td><td>410.00</td><td>205.00</td><td>2 050.00</td><td>4 305.00</td><td>16 195.00</td></tr>
<tr><td colspan="2">总　计</td><td>87</td><td>196 500.00</td><td>15 720.00</td><td>3 930.00</td><td>1 965.00</td><td>19 650.00</td><td>41 265.00</td><td>155 235.00</td></tr>
</table>

复核：　　　　　　会计主管：　　　　　　制单：王艺平

7. 12月6日，采购员张志华报销差旅费，差旅费报销单和借款单分别如表5-34和表5-35所示。

表 5-34

差 旅 费 报 销 单

原派出单位：采购部　　　　　2019年12月6日　　　　　事　由：考察原料市场

姓名：张志华　　职务　　　　　　　　　　　　　　　单据张数 12 张

起止日期				地点		车船费		住宿费		伙食补贴		合计
月	日	月	日	起	讫	类别	金额	天数	金额	天数	金额	
12	1	12	3	武汉	北京	火车	520	3	1 200			1 720
12	4	12	4	北京	武汉	火车	520					520

合计（大写）：贰仟贰佰肆拾元整　　　　￥2 240.00　　　预支 1 000.00　　退回

　　　　　　　　　　　　　　　　　　　　　　　　　　　　　　　　　　　　补领 1 240.00

派出单位领导：　　　财务主管：　　　复核：　　　出纳：李小朋

表 5-35

借　款　单

2019年11月30日

借款部门	采购部	姓名	张志华	事由	考察原料市场
借款金额（大写）	⊕万 壹仟 零佰 零拾 零元 零角 零分				￥1 000.00
部门负责人签字	方明	借款人签章	张志华	注意事项	1. 凡借用公款必须使用本单 2. 出差返回后三天内结算
单位领导签字	黄国立	财务经理审核意见	赵志民		

8. 12月8日，购入不需安装的新机器设备2台，取得增值税专用发票一张，如表5-36所示，签发转账支票一张支付该设备价款，如表5-37所示。

表5-36

表5-37

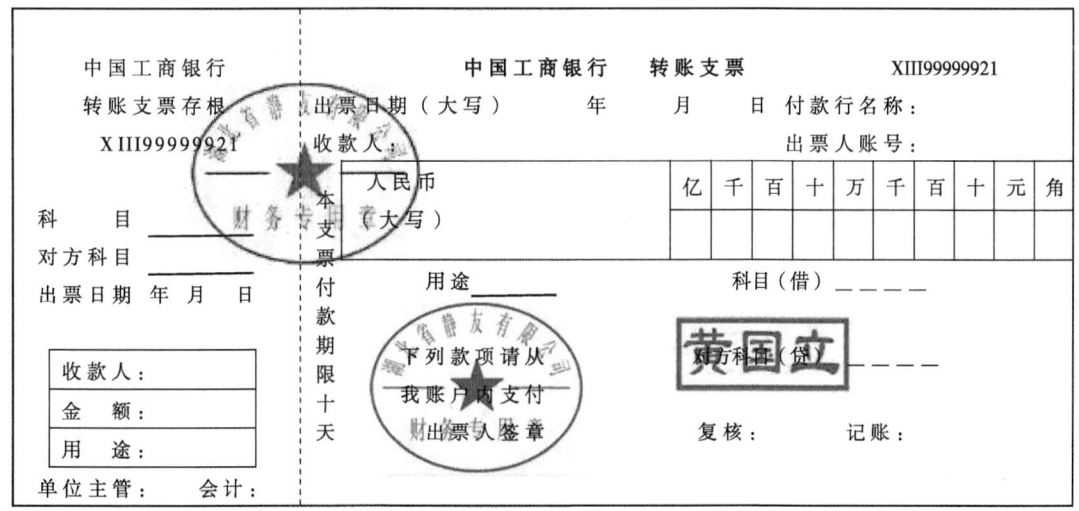

9. 12月8日，行政办公室张超凡报销办公用品。借款单、增值税发票和收据分别如表5-38、表5-39和表5-40所示。

表5-38

借款单

2019年12月2日   2

借款部门	行政办公室	姓名	张超凡	事由	购办公用品	
借款金额（大写）		⊕万 壹仟 零佰 零拾 零元 零角 零分				￥1 000.00
部门负责人签字	刘涛	借款人签章	张超凡	注意事项	1.凡借用公款必须使用本单 2.出差返回后三天内结算	
单位领导签字	黄国立	财务经理审核意见	赵志民			

表5-39

湖北增值税普通发票

记账联

No 72522658
开票日期：2019年12月5日

购货单位	名　　称	湖北省静友有限公司				密码区			
	纳税人识别号	6666699999					（略）		
	地址、电话	武汉市武昌区中山路99号027-22229999							
	开户行及账号	中国工商银行中山路分理处8888899999							
货物或应税劳务名称	规格型号	单位	数量	单价	金额		税率	税额	
订书机	comixB 3828	个	10	20	194.17		3%	5.83	
打印纸	A4	包	20	30	582.52		3%	17.48	
合　计					776.69			23.31	
价税合计（大写）	捌佰元整				（小写） ￥800.00				
销货单位	名　　称	武汉市中百仓储有限公司				备注			
	纳税人识别号	6666611325							
	地址、电话								
	开户行及账号	中国工商银行民主路分理处888882198							

收款人：　　　　复核：冯雪峰　　　　开票人：刘一帆　　　　销货单位（章）

表 5-40

收 据

2019年12月8日　　　　　　　　No 992856

今收到　　　张超凡

人民币（大写）：贰佰元整　　　￥200.00 元

事由：退还原借支余款

收款单位：　　　　　　　　出纳：李小朋

第三联　记账联

10. 开具银行承兑汇票一张，支付前欠湖北省诚信有限公司货款，如表 5-41 所示。

表 5-41

11. 12月12日，向中国人民保险公司武汉分公司签发转账支票一张缴纳保险费。社会保险费明细和电子银行电子缴税凭证分别如表5-42和表5-43所示。

表5-42

社会保险费明细表

单位名称：静友公司　　　　　　2019年12月12日　　　　　　　　　　　　单位：元

参保险种	工资总额	个人缴费部分	单位缴费部分	缴费合计
养老保险	196 500.00	15 720.00	39 300.00	82 923.00
医疗保险	196 500.00	3 930.00	15 720.00	
失业保险	196 500.00	1 965.00	3 930.00	
工伤保险	196 500.00		982.50	
生育保险	196 500.00		1 375.50	
合　计		21 615.00	61 308.00	

复核：　　　　　　会计主管：　　　　　　制单：王艺平

表5-43

中国工商银行电子银行电子缴税付款凭证

缴税日期：2019年12月12日　　　　　　　　　　　　凭证字号：

纳税人全称及纳税人识别号：湖北省静友有限公司6666699999	
付款人全称：湖北省静友有限公司	
付款人账号：8888899999	征税机关名称：国家税务总局武汉市武昌区税务局
付款人开户银行：中国工商银行中山路分理处库	收款国库（银行）：国家金库武汉市武昌区支
小写（合计）金额：¥ 82 923.00	缴款书交易流水号：20191212002
大写（合计）金额：人民币捌万贰仟玖佰贰拾叁元整	税票号码：332016191200197967
税费（种）名称　　　　　所属时间	实缴金额（单位：元）
养老保险　　　　　20191101—20191130	55 020.00
失业保险　　　　　20191101—20191130	19 650.00
医疗保险　　　　　20191101—20191130	5 895.00
工商保险　　　　　20191101—20191130	982.50
生育保险　　　　　20191101—20191130	1 375.50

第一次打印　　　　　　　　　　　　　　　　　　打印时间：2019年12月13日

12. 12月12日，向武汉市公积金中心签发转账支票一张缴纳住房公积金，住房公积金明细表和转账支票分别如表5-44和表5-45所示。

表 5-44

住房公积金明细表

单位名称：静友公司　　　　　　2019 年 12 月 12 日　　　　　　　　　　　　单位：元

参保险种	工资总额	个人缴费部分	单位缴费部	缴费合计
住房公积金	196 500.00	19 650.00	19 650.00	39 300.00
合　　计		19 650.00	19 650.00	39 300.00

复核：　　　　　　会计主管：　　　　　　制单：王艺平

表 5-45

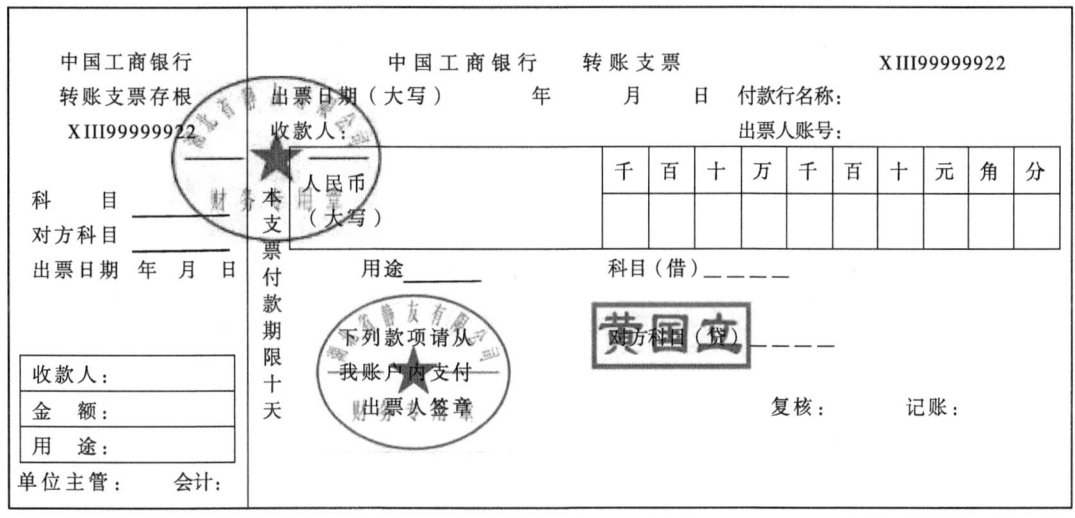

13. 12月12日，向武汉市总工会缴纳工会经费，结算凭证如表5-46所示。

表5-46

工会专用结算凭证（行政拨交工会经费缴款书）

缴款日期：2019年12月12日

付款单位	全称	湖北省静友有限公司	收款单位	全称	武汉市总工会委员会
	账号	8888899999		账号	8012099287
	开户银行	中国工商银行中山路分理处		开户银行	中国工商银行中山路分理处
所属月份		201911	职工人数		87
上月职工工资总额		196 500.00	按2%计应缴经费		3 930.00
迟交天数			按1%计应缴滞纳金		
合计金额（大写）叁仟玖佰叁拾元整					￥3 930 00
缴款单位盖章		收款单位盖章		银行盖章	

14. 12月13日，从湖北省诚信有限公司购材料一批，收到增值税专用发票（见表5-47）一张，货款尚未支付。该批材料已通过验收，所到货物与增值税发票记载核对无误。据此填制该批材料入库单，如表5-48所示。

表5-47

湖北增值税专用发票

No 33333335

开票日期：2019年12月13日

购货单位	名称	湖北省静友有限公司	密码区	（略）
	纳税人识别号	6666699999		
	地址、电话	武汉市武昌区中山路99号 027-22229999		
	开户行及账号	中国工商银行中山路分理处 8888899999		

货物或应税劳务名称	规格型号	单位	数量	单价	金额	税率	税额
A材料		千克	4 000	200.00	800 000.00	13%	104 000.00
B材料		千克	3 500	160.00	560 000.00	13%	72 800.00
合 计					1 360 000.00		176 800.00
价税合计（大写）	壹佰伍拾叁万陆仟捌佰元整				（小写）￥1 536 800.00		

销货单位	名称	湖北省诚信有限公司	备注	
	纳税人识别号	6666633333		
	地址、电话	武汉市武昌区黄鹤路33号 027-22223333		
	开户行及账号	中国工商银行黄鹤楼分理处 8888833333		

收款人： 复核：鲁明 开票人：李波 销货单位（章）

表 5-48

原材料入库单

仓库名称：　　　　　　　　　　　　　年　月　日　　　　　　　　　　　　No

材料名称	规格	单位	数量		单价	金额	运杂费	金额合计	发货单位
			应收	实收					
									合同号
合计									

第二联　记账联

财务主管：　　　　　　业务科长：　　　　　　仓库验收：　　　　　　采购员：

15. 12 月 13 日，向湖北省美好有限公司赊销产品一批（其中：销售甲产品 1 200 件，单价为 650 元/件；销售乙产品 1 300 件，单价为 720 元/件）。会计人员根据实际销售情况开具该笔销售业务的增值税专用发票（见表 5-49），并按实际销售数量开具产成品出库单，仓管人员根据产成品出库单发货。产成品出库单如表 5-50 所示。

表 5-49

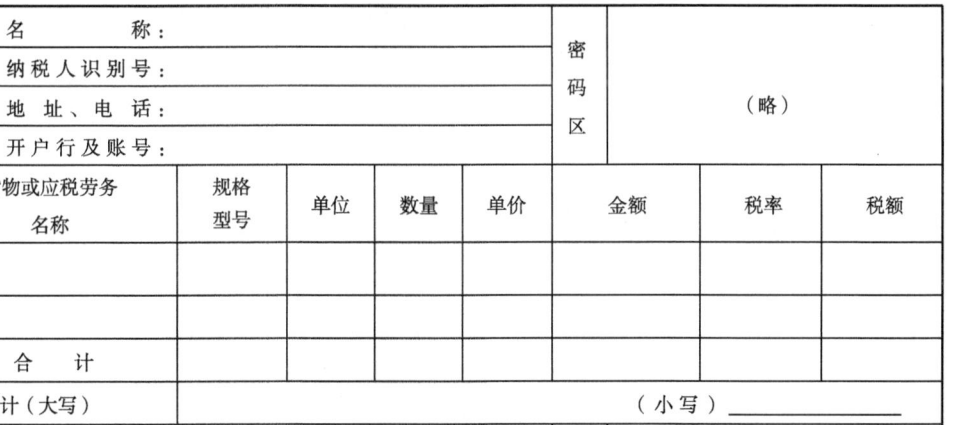

表 5-50

产成品出库单

购货单位：　　　　　　　　　　　　　　　　　　　　　　　编号：99999961

业务员：　　　　　　　　　　年　月　日　　　　　　　　　仓库：

| 类别 | 编号 | 产品名称 | 规格 | 计量单位 | 数量 | | 单价 | 金额 | 备注 |
					请购	实发			
...									

仓库主管：　　　　　　　记账：　　　　　　　发货人：　　　　　　　经办人：

16. 12 月 15 日，向湖北省万达有限公司签发转账支票一张（见表 5-51），支付生产车间设备修理费，并开具增值税普通发票，如表 5-52 所示。

表 5-51

湖北增值税普通发票

No 72522658

开票日期：2019年12月15日

购货单位	名　　称	湖北省静友有限公司				密码区	（略）		
	纳税人识别号	6666699999							
	地址、电话	武汉市武昌区中山路99号 027-22229999							
	开户行及账号	中国工商银行中山路分理处 8888899999							
货物或应税劳务名称	规格型号	单位	数量	单价		金额	税率		税额
维修机器设备						1 941.75	3%		58.25
合　　计						1 941.75			58.25
价税合计（大写）		贰仟元整				（小写）¥ 2 000.00			
销货单位	名　　称	湖北省万达有限公司				备注			
	纳税人识别号	6666682567							
	地址、电话	武昌市武昌区民主路82号 027-22223289							
	开户行及账号	中国工商银行民主路分理处 8888821698							

收款人：　　　　　复核：冯雪峰　　　　　开票人：刘一帆　　　　　销货单位（章）

表 5-52

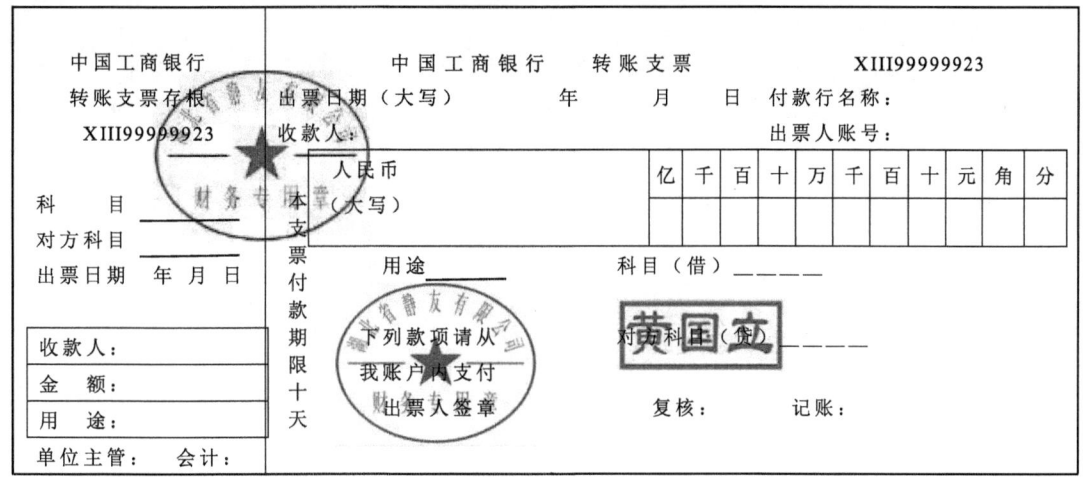

17. 12月16日，签发现金支票一张（见表5-53），从银行提取现金2 000元补充公司备用金。

表 5-53

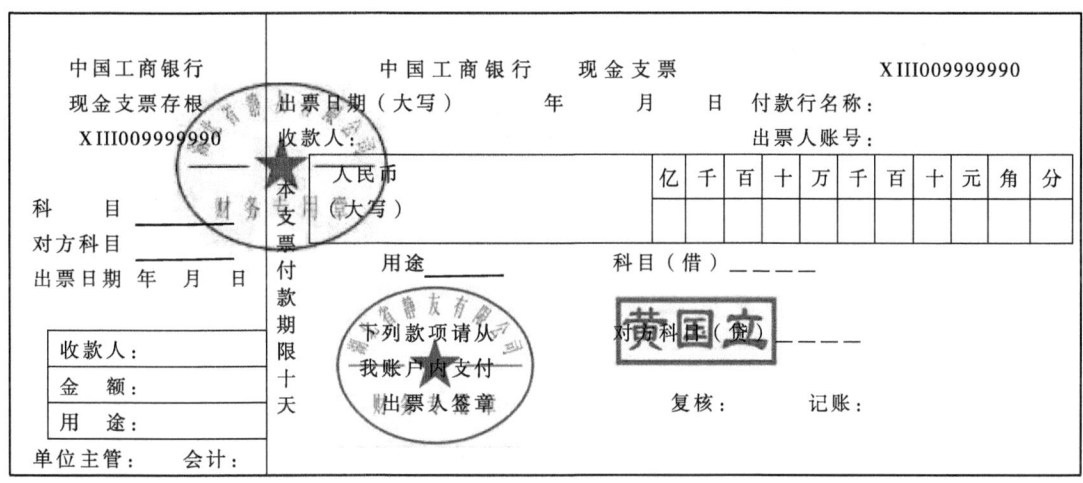

18. 12月18日，电汇支付前欠湖北省蓝天有限公司货款，收到银行电汇凭证如表5-54所示。

表5-54

中国工商银行电汇凭证（回单）

委托日期 2019 年 12 月 18 日　　　　第　　号

汇款人	全称	湖北省静友有限公司			收款人	全称	湖北省蓝天有限公司		
	账号或住址	8888899999				账号或住址	8888822222		
	汇出地点	武汉市	汇出行名称	中国工商银行中山路分理处		汇入地点	宜昌市	汇入行名称	中国工商银行宜陵分理处

金额（人民币）：肆拾伍万元整	千	百	十万	千	百	十	元	角	分
		¥	4	5	0	0	0	0	0	0

汇款用途：支付前欠货款	汇出盖章
上列款项已根据委托办理，如需要查询，请持此回单来行面洽	
单位主管　　会计　　复核　　记账	

19. 12月21日，接银行收款通知（见表5-55），本季度存款利息已到账。

表5-55

中国工商银行存款利息通知单（收款通知）

2019 年 12 月 21 日

户名	湖北省静友有限公司	账户	8888899999		
编号	计息类型	计息起讫日期	计息积数	利率	利息金额
002135	普通积数	20190921—20191220	4 000 000.00	0.25%	10 000.00
摘要：			金额合计		¥ 10 000.00
金额合计（大写）：壹万元整					

20. 12月22日，向湖北省三联有限公司销售 A 材料 1 000 千克（单价 240 元/千克），收到转账支票一张（见表 5-56），根据该支票填写如表 5-57 所示的进账单，到本单位开户银行办理入账手续。会计人员根据实际销售情况开具该笔销售业务的增值税专用发票（见表 5-58），并按实际销售数量开具产成品出库单（见表 5-59），仓管人员根据产成品出库单发货。

表 5-56

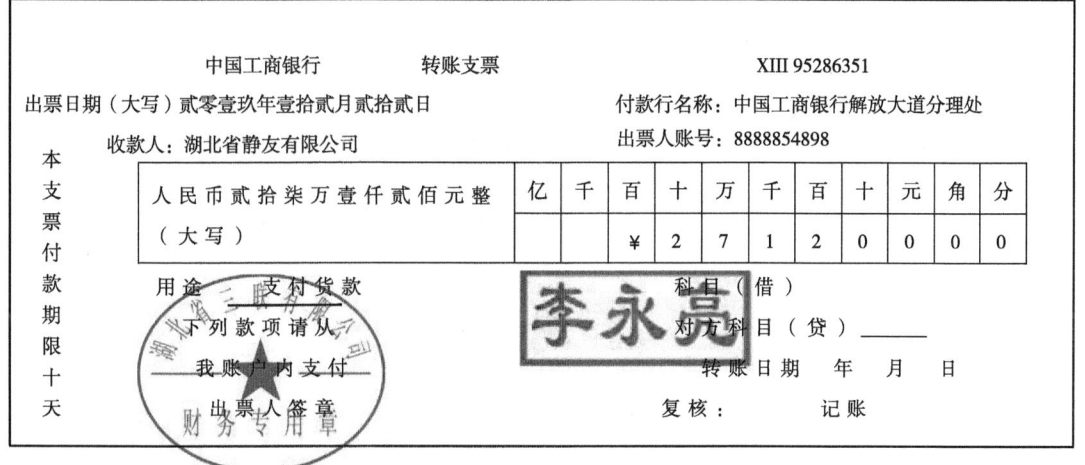

表 5-57

表 5-58

湖北增值税专用发票
记账联

No 00666662

开票日期： 年 月 日

购货单位	名　　称：			密码区	（略）			
	纳税人识别号：							
	地　址、电　话：							
	开户行及账号：							

货物或应税劳务名称	规格型号	单位	数量	单价	金额	税率	税额
合　　　计							

价税合计（大写）		（小写）

销货单位	名　　称：			备注	
	纳税人识别号：				
	地　址、电　话：				
	开户行及账号：				

收款人：　　　　　　复核：　　　　　　开票人：　　　　　　销货单位（章）

第三联 记账联 销货单位记账凭证

表 5-59

原材料出库单

购货单位：　　　　　　　　　　　　　　　　　　　　　　编号：99992220

业务员：　　　　　　　　　年　月　日　　　　　　　　仓库：

类别	编号	产品名称	规格	计量单位	数量		单价	金额	备注
					请购	实发			
...									

仓库主管：　　　　　　记账：　　　　　　发货人：　　　　　　经办人：

21. 12月25日，从相关部门取得本月水、电费增值税专用发票（分别见表5-60和表5-62）各一张，从开户银行拿回委托付款通知单两份，如表5-61和表5-63所示。根据相关原始凭证（见表5-64、表5-65、表5-66），审核并填制记账凭证。

表5-60

湖北增值税专用发票
发票联
No 72568150
开票日期：2019年12月25日

购货单位	名　　称	湖北省静友有限公司
	纳税人识别号	6666699999
	地　址、电　话	武汉市武昌区中山路99号 027-22229999
	开户行及账号	中国工商银行中山路分理处8888899999

货物或应税劳务名称	规格型号	单位	数量	单价	金额	税率	税额
水		吨	2 000	3.00	6 000.00	9%	540.00
合　　　计					6 000.00		540.00

价税合计（大写）　⊕陆仟伍佰肆拾元整　　（小写）¥ 6 540.00

销货单位	名　　称	武汉市第一自来水公司
	纳税人识别号	2658252822
	地　址、电　话	武汉市武昌区民主路62号 027-22223854
	开户行及账号	中国工商银行民主路分理处8888826584

收款人：　　　复核：李丽　　　开票人：谢琳琳　　　销货单位（章）

表5-61

委托收款凭证（付款通知）5

委托日期 2019年 12月 25日

付款人	全　称	湖北省静友有限公司	收款人	全　称	武汉市第一自来水公司		
	账　号	8888899999		账　号	8888826584		
	开户银行	中国工商银行中山路分理处		开户银行	中国工商银行民主路分理处	行号	2262

托收金额（人民币）：陆仟伍佰肆拾元整	千	百	十	万	千	百	十	元	角	分
					¥	6	5	4	0	0

| 款项性质 | 业务收入 | 合同号码 | 49635 | 附寄单证张数 | |

备注　　　根据协议上列款项已由付款单位账户付出。

收款人开户行盖章

单位主管　　　会计：刘亮　　　复核：马丽　　　记账：

表 5-62

湖北增值税专用发票
发票联

No 72568150
开票日期：2019年12月24日

购货单位	名　　称	湖北省静友有限公司			密码区	（略）		
	纳税人识别号：	6666699999						
	地　址、电　话：	武汉市武昌区中山路99号027-22229999						
	开户行及账号：	中国工商银行中山路分理处8888899999						
货物或应税劳务名称	规格型号	单位	数量	单价	金额	税率	税额
电费		度	240 000	1.00	240 000.00	13%	31 200.00
合　　计					240 000.00		31 200.00
价税合计（大写）		⊕ 贰拾柒万零贰佰元整			（小写）¥ 271 200.00		
销货单位	名　　称	武汉市供电局					
	纳税人识别号：	2658254258					
	地　址、电　话：	武汉市武昌区民主路94号027-22224287					
	开户行及账号：	中国工商银行民主路分理处8888827925					

收款人：　　　复核：范亮　　　开票人：冯君丽　　　销货单位（章）

第三联　发票联　购货方记账凭证

表 5-63

委托收款凭证（付款通知）5

委托日期2019年12月25日

付款人	全　称	湖北省静友有限公司	收款人	全　称	武汉市供电局		
	账　号	8888899999		账　号	8888827925		
	开户银行	中国工商银行中山路分理处		开户银行	中国工商银行民主路分理处	行号	2262
托收金额（人民币）：贰拾柒万壹仟贰佰元整					¥ 2 7 1 2 0 0 0 0		
款项性质	业务收入	合同号码	26584	附寄单证张数			
备注			根据协议上列款项已由付款单位账户付出。收款人开户行盖章				

单位主管　　　会计：刘亮　　　复核：马丽　　　记账

表 5-64

静友公司水电费耗用情况统计表
2019 年 12 月 26 日

耗用部门	耗电量（度）	耗水量（吨）	备 注
基本生产车间生产	216 000		1. 生产产品直接耗用的电费分配计入直接材料成本项目 2. 生产车间用水全部作为一般性消耗，不做进一步用途的分配
基本生产车间一般	16 800	1 200	
行政管理部门	4 800	600	
销售部门	2 400	200	
合 计	240 000	2 000	

复核：　　　　　　　　会计主管：　　　　　　　　制单：王艺平

表 5-65

车间产品耗用工时报告表
2019 年 12 月 26 日

车 间	产 品	生产耗用工时	备 注
基本生产车间	甲产品	40 000	
	乙产品	60 000	
		100 000	

复核：　　　　　　　　会计主管：张军梅　　　　　　制单：王艺平

表 5-66

静友公司水电费分配表
2019 年 12 月 26 日

借方科目	明细科目	产品动力费用分配			电费分配		水费分配		分配额合计
		生产工时	分配率	分配额	用电量	分配额	用水量	分配额	
生产成本	甲产品	40 000		86 400					86 400
	乙产品	60 000		129 600					129 600
	小 计	100 000	2.16	216 000					216 000
制造费用	水电费				16 800	16 800	1 200	3 600	20 400
管理费用	水电费				4 800	4 800	600	1 800	6 600
销售费用	水电费				2 400	2 400	200	600	3 000
合 计				216 000	24 000	24 000	2 000	6 000	246 000

复核：　　　　　　　　会计主管：　　　　　　　　制单：王艺平

22. 12月28日，签发转账支票（见表5-67）支付湖北省新月广告有限公司广告费2 800元，并开具增值税普通发票（见表5-68）。

表5-67

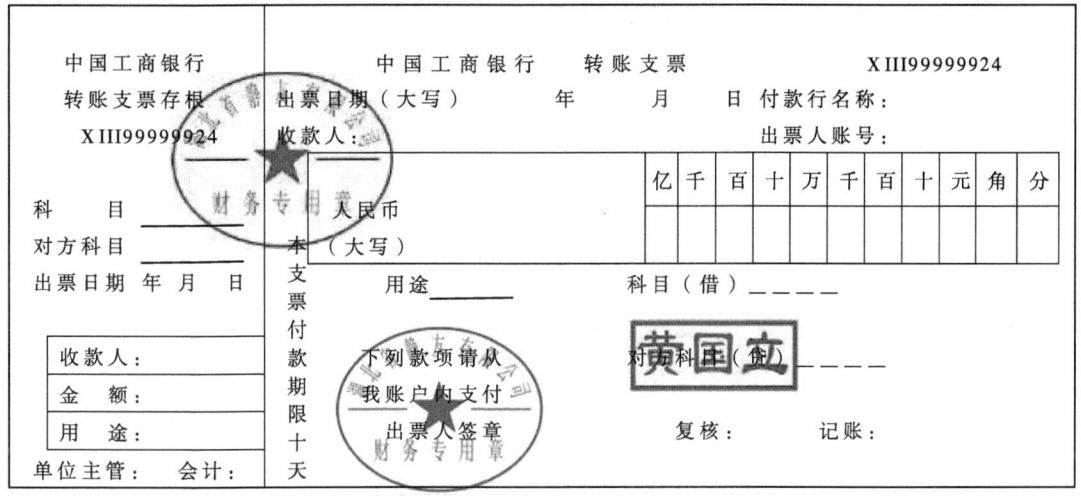

表5-68

23. 12月30日，计提并分配本月工资，如表5-69和表5-70所示。

表5-69

车间产品耗用工时报告表

2019年12月30日

车间	产品	生产耗用工时	备注
基本生产车间	甲产品	40 000	
	乙产品	60 000	
		100 000	

复核： 会计主管： 制单：王艺平

表5-70

工 资 费 用 分 配 表

2019年12月30日

产品、车间和部门		生产耗用工时	分配率	应分配金额（元）
基本生产车间	甲产品	40 000		56 800.00
	乙产品	60 000		85 200.00
基本生产合计		100 000	1.42	142 000.00
车间管理人员				9 500.00
企业管理人员				24 500.00
销售部门人员				20 500.00
合 计				196 500.00

复核： 会计主管： 制单：王艺平

24. 12月30日，按工资计提五险一金（养老保险费20%，医疗保险费8%，失业保险费2%，工伤保险0.5%，生育保险0.7%，住房公积金10%），五险一金计算如表5-71所示。

表5-71

五险一金计算表

2019年12月30日 单位：元

产品、车间和部门		计提基数	养老保险（20%）	医疗保险（8%）	失业保险（2%）	工伤保险（0.5%）	生育保险（0.7%）	住房公积金（10%）	合计
基本生产车间	甲产品								
	乙产品								
	小计								
车间管理部门									
企业管理部门									
销售部门									
合 计									

复核： 会计主管： 制单：王艺平

25. 12月30日，根据工资总额的2%计提工会经费，根据工资总额的1.5%计提职工教育经费，工会经费及职工教育经费计算如表5-72所示。

表5-72

工会经费及职工教育经费计算表

2019年12月30日　　　　　　　　　　　　　　　　　　　　单位：元

产品、车间和部门		计提基数	工会经费（2%）	职工教育经费（1.5%）	合　计
基本生产车间	甲产品				
	乙产品				
	小计				
车间管理部门					
企业管理部门					
销售部门					
合　计					

复核：　　　　　　　　会计主管：　　　　　　　　制单：王艺平

26. 签发转账支票一张（见表5-73），向武汉市儿童福利院捐款20 000元，收据如表5-74所示。

表5-73

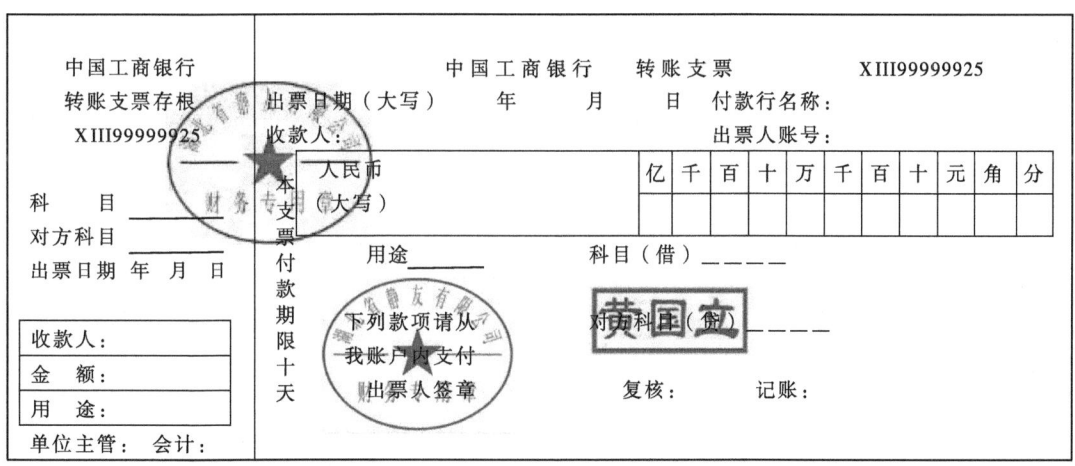

表 5-74

武汉市行政事业性收费收据

2019年12月30日

交费单位	湖北省静友有限公司		收费许可证号			(鄂)财发2011056				
收费项目	收费标准			金额						
				百	十万	千	百	十	元	角	分
捐赠					2	0	0	0	0	0	0
合 计				¥	2	0	0	0	0	0	0
人民币(大写):贰万元整			交款方式			转账					
负责人:	开票人:刘艺军			收费单位:							

27. 12 月 30 日,计提本月固定资产折旧费(见表 5-75)。

表 5-75

固定资产折旧计算表

2019 年 12 月 30 日

部门	固定资产类型	固定资产原值(元)	预计净残值(元)	使用年限	年折旧额(元)	月折旧额(元)
管理部门	房屋建筑物	246 000.00	12 300.00	20	11 685.00	973.75
	机器设备	288 000.00	14 400.00	10	27 360.00	2 280.00
	办公设备	62 000.00	3 100.00	5	11 780.04	981.67
	合 计	596 000.00	29 800.00		50 825.04	4 235.42
基本生产车间	房屋建筑物	1 513 000.00	75 650.00	20	71 867.52	5 988.96
	机器设备	3 685 000.00	184 250.00	10	350 075.04	29 172.92
	办公设备	119 000.00	5 950.00	5	22 610.04	1 884.17
	合 计	5 317 000.00	265 850.00		444 552.60	37 046.05
销售部门	房屋建筑物	126 000.00	6 300.00	20	5 985.00	498.75
	机器设备	95 000.00	4 750.00	10	9 024.96	752.08
	办公设备	86 000.00	4 300.00	5	16 340.04	1 361.67
	合 计	307 000.00	15 350.00		31 350.00	2 612.50
总 计		6 220 000.00	311 000.00		526 727.64	43 893.97

复核: 会计主管: 制单:王艺平

28.12月30日，分摊已预付湖北省天都有限公司房租费，如表5-76所示。

表5-76

房租费摊销计算表

2019年12月30日

缴费月份	缴费金额（元）	分摊月份	分摊金额（元）	备 注
2019.12—2020.5	24 000.00	2019.12	4 000.00	
		2020.01	4 000.00	
		2020.02	4 000.00	
		2020.03	4 000.00	
		2020.04	4 000.00	
		2020.05	4 000.00	

复核： 会计主管： 制单：王艺平

29.12月30日，计提本月应付利息3 000元，如表5-77所示。

表5-77

应付利息计算表

2019年12月30日

贷款银行	借款种类	本金（元）	月利率	月利息额（元）
市工商银行	流动资金借款	1 000 000.00	3‰	3 000.00

复核： 会计主管： 制单：王艺平

30.12月30日，按月末加权平均法核算12月出库材料成本。各领料单位的领料单如表5-78至表5-82所示，原材料结存情况汇总表和材料耗用汇总表分别如表5-83和表5-84所示。

表5-78

领 料 单

领料单位：基本生产车间　　　　　　　　　　　　　　　　　　编号：552621
用　途：生产甲产品　　　　　　2019年12月6日　　　　　　仓库：原材料库

材料类别	材料编号	材料名称	规格	计量单位	数量		单价	金额	备 注
					请领	实发			
		A材料		千克	2 800	2 800			
		B材料		千克	1 800	1 800			
…									

记账： 发料： 领料单位负责人： 领料：

表 5-79

领 料 单

领料单位：办公室　　　　　　　　　　　　　　　　　　　编号：552622
用　　途：维修　　　　　　　2019 年 12 月 6 日　　　　　仓库：原材料库

材料类别	材料编号	材料名称	规格	计量单位	数量		单价	金额	备注
					请领	实发			
		A 材料		千克	100	100			
		B 材料		千克	200	200			
…									

记账：　　　　　　　发料：　　　　　　　领料单位负责人：　　　　　　　领料：

表 5-80

领 料 单

领料单位：基本生产车间　　　　　　　　　　　　　　　　编号：552623
用　　途：生产乙产品　　　　2019 年 12 月 9 日　　　　 仓库：原材料库

材料类别	材料编号	材料名称	规格	计量单位	数量		单价	金额	备注
					请领	实发			
		A 材料		千克	3 700	3 700			
		B 材料		千克	2 800	2 800			
…									

记账：　　　　　　　发料：　　　　　　　领料单位负责人：　　　　　　　领料：

表 5-81

领 料 单

领料单位：基本生产车间　　　　　　　　　　　　　　　　编号：552624
用　　途：车间一般领用　　　2019 年 12 月 15 日　　　　仓库：原材料库

材料类别	材料编号	材料名称	规格	计量单位	数量		单价	金额	备注
					请领	实发			
		A 材料		千克	800	800			
		B 材料		千克	1 200	1 200			
…									

记账：　　　　　　　发料：　　　　　　　领料单位负责人：　　　　　　　领料：

表 5-82

领 料 单

领料单位：三联公司　　　　　　　　　　　　　　　　　　　　　编号：552625
用　　途：对外销售　　　　　2019 年 12 月 22 日　　　　　　　仓库：原材料库

材料类别	材料编号	材料名称	规格	计量单位	数量		单价	金额	备注
					请领	实发			
		A 材料		千克	1 000	1 000			
		…							

记账：　　　　　　发料：　　　　　　　　领料单位负责人：　　　　　　领料：

表 5-83

原材料结存情况汇总表

年　　月　　日

项目	A 材料		B 材料	
	数量（千克）	金额（元）	数量（千克）	金额（元）
月初结存				
本月入库				
小计				
月末加权平均单价				
本月领用材料				

复核：　　　　　　　　　　会计主管：　　　　　　　　　　　　制单：

表 5-84

材料耗用汇总表

年　　月　　日

用途		A 材料			B 材料			合计金额（元）
		数量（千克）	单价（元）	金额（元）	数量（千克）	单价（元）	金额（元）	
基本生产车间	甲产品							
	乙产品							
车间一般领用								
管理部门领用								
材料销售								
合　计								

复核：　　　　　　　　　　会计主管：　　　　　　　　　　　　制单：

31. 12月30日，分配本月制造费用，分配如表5-85所示。

表5-85

基本生产车间制造费用分配表

年   月   日

产品	生产工人工资	分配率	应分配金额（元）
甲产品	56 800		
乙产品	85 200		
合计	142 000		

复核：   会计主管：   制单：

32. 12月30日，结转已完工产品成本。生产情况报告和产品入库汇总分别如表5-86和表5-87所示。甲、乙产品生产成本计算表分别如表5-88和表5-89所示。

表5-86

生产情况报告表

编报单位：基本生产车间

产品	单位	月初在产品	本月投产	本月完工入库	月末在产品	在产品完工程度
甲产品	件	400	2 360	2 760		
乙产品	件	300	2 650	2 950		

复核：   制单：

表5-87

产品入库汇总表

编报单位：成品仓库   2019年12月30日

编号	品名	规格	单位	数量	备注
	甲产品		件	2 760	
	乙产品		件	2 950	

主管：   保管：

表 5-88

生产成本计算表

完工产品：　　　件
在 产 品：　　　件

产品名称：甲产品　　　　　　　年　月　日　　　　完工程度：

成本项目	成本项目			合　计
	直接材料（元）	直接人工（元）	制造费用（元）	（元）
月初在产品				
本月生产费用合计				
结转完工成本				
月末在产品				

复核：　　　　　　　　会计主管：　　　　　　　　制单：

表 5-89

生产成本计算表

完工产品：　　　件
在 产 品：　　　件

产品名称：乙产品　　　　　　　年　月　日　　　　完工程度：

成本项目	成本项目			合　计
	直接材料（元）	直接人工（元）	制造费用（元）	（元）
月初在产品				
本月生产费用合计				
结转完工成本				
月末在产品				

复核：　　　　　　　　会计主管：　　　　　　　　制单：

注：根据"生产成本"明细账，编制生产成本计算表，计算完工产品成本，然后将完工产品成本进行结转。

33. 12月31日，结转已销产品销售成本，如表5-90所示。

表 5-90

产品销售汇总表

年　月　日

项　目	甲产品		乙产品	
	数量（件）	金额（元）	数量（件）	金额（元）
月初结存				
本月入库				
小　计				
月末加权平均单价				
本月销售产品				

复核：　　　　　　　　会计主管：　　　　　　　　制单：

34. 12月31日，结转本月应交未交增值税，如表5-91所示。

表5-91 **应交税费——应交增值税计算单**

年　　月　　日　　　　　　　　　　　　　　　　　　　单位：元

项　目	借方金额	贷方金额
一、应交增值税		
1. 年初未抵扣数		
2. 销项税额		
出口退税		
进项税额转出		
转出多交增值税		
3. 进项税额		
已交税金		
减免税款		
出口抵减内销产品应纳税额		
转出未交增值税		
4. 期末未抵扣数		
二、未交增值税		
1. 年初未交数		
2. 本期转入数		
3. 本期已交数		

复核：　　　　　　　　　会计主管：　　　　　　　　　制单：

35. 12月31日，计提本月应交城市维护建设税及教育费附加，如表5-92所示。

表5-92

应交城建税及教育费附加计算表

年　　月　　日　　　　　　　　　　　　　　　　　　　单位：元

项　目	课税数量			税　率 （提取比例）	金　额
	本月应交增值税	本月应交消费税	合　计		
应交城建税					
应交教育费附加					
合　计					

复核：　　　　　　　　　会计主管：　　　　　　　　　制单：

36. 12月31日，结转本月收入、收益类账户余额至"本年利润"账户，如表5-93所示。

表5-93

内部转账单

年　　月　　日　　　　　　　　　　　　　　　　　No

摘　　要	转账项目	金　额（元）
结转至"本年利润"账户		
结转至"本年利润"账户		
结转至"本年利润"账户		
结转至"本年利润"账户		
合　　计		

复核：　　　　　　　　会计主管：　　　　　　　　制单：

注：根据账簿资料，将金额填入表内，然后转账。

37. 12月31日，结转本月成本、费用类账户余额至"本年利润"账户，如表5-94所示。

表5-94

内部转账单

年　　月　　日

摘　　要	转账项目	金　额（元）
结转至"本年利润"账户		
结转至"本年利润"账户		
结转至"本年利润"账户		
结转至"本年利润"账户		
结转至"本年利润"账户		
结转至"本年利润"账户		
合　　计		

复核：　　　　　　　　会计主管：　　　　　　　　制单：

注：根据账簿资料，将金额填入表内，然后转账。

38. 12月31日，计提本月应交所得税，如表5-95所示。

表5-95

所得税计算表

年　　月　　日

应纳税所得额（元）	所得税率	应纳所得税额（元）

复核：　　　　　　　　　　会计主管：　　　　　　　　　　制单：

39. 12月31日，结转本月所得税费用，如表5-96所示。

表5-96

内部转账单

年　　月　　日

摘　　要	金　　额（元）
结转本月所得税费用	

复核：　　　　　　　　　　会计主管：　　　　　　　　　　制单：

40. 12月31日，结转本年利润，如表5-97所示。

表5-97

内部转账单

年　　月　　日

摘　　要	金　　额（元）
1—11月净利润	
12月净利润	
结转全年净利润	

复核：　　　　　　　　　　会计主管：　　　　　　　　　　制单：

41. 12月31日，进行利润分配，如表5-98所示。

表5-98　　　　　　　　　　　利润分配计算表
年　　月　　日

分配项目	分配依据	分配或提取比率	金　额（元）
法定盈余公积金			
应付利润			

复核：　　　　　　　　　会计主管：　　　　　　　　　制单：

42. 12月31日，结转利润分配各明细账余额至"利润分配——未分配利润"账户，如表5-99所示。

表5-99　　　　　　　　　　　内部转账单
年　　月　　日

摘　　要	转账项目	金　额（元）
结转至"利润分配——未分配利润"账户		
结转至"利润分配——未分配利润"账户		
合　　计		

复核：　　　　　　　　　会计主管：　　　　　　　　　制单：

实验要求

1. 根据实验资料中湖北省静友有限公司2019年12月份具体业务，填写相应的原始凭证及原始凭证汇总表。

2. 审核原始凭证及原始凭证汇总表，确保无误。

3. 根据审核无误的原始凭证及原始凭证汇总表，填制湖北省静友有限公司2019年12月记账凭证并连续编号。

4. 将原始凭证剪下，粘贴在粘贴单上，并填写附单据数量。

5. 审核记账凭证，确保无误。如有错误，采用相应的更正方法更改。

6. 根据审核无误的记账凭证、所附原始凭证及原始凭证汇总表，逐笔登记湖北省静友有限公司"现金日记账""银行存款日记账""其他相关明细账"。

7. 登记完毕后，在记账凭证上标注已经登账的符号"√"，表示已经记账，并在记账凭证上签名或者盖章。

附表5-1 现金日记账

现 金 日 记 账

第 1 号

2019年		凭证		对应科目	摘要	√	借方								贷方								余额							
月	日	字	号				千	百	十	万	千	百	十	元	角	分	千	百	十	万	千	百	十	元	角	分	千	百	十	万	千	百	十	元	角	分
12	1				期初余额																										8	2	0	0	0	0
12	2	通	2	其他应收款	借款																1	0	0	0	0	0				7	2	0	0	0	0
					过次页																															

附表5-2 银行存款日记账

银 行 存 款 日 记 账

开户行：中国工商银行中山路分理处
账　号：8888899999

第 1 号

2019年		凭证		支票		摘要	√	借方										贷方										借或贷	余额									
月	日	字	号	种类	号数			千	百	十	万	千	百	十	元	角	分	千	百	十	万	千	百	十	元	角	分		千	百	十	万	千	百	十	元	角	分
12	1	通	1			期初余额					5	0	0	0	0	0	0															8	6	5	2	0	0	0
12	1	通	1			收到货款			1	6	2	7	2	0	0	0	0															6	3	5	2	0	0	0
12	2	通	2			销售产品				9	2	0	0	0	0	0	0															9	2	4	2	0	0	0
12	3	通	4	转	89	购材料			1	6	1	3	7	8	6	0	0															1	3	8	2	0	0	0
					过次页																																

附表5-3 应收账款（湖北省致远有限公司）明细账

应收账款明细账

一级科目 应收账款
子目或户名 湖北省致远有限公司
总页号　　 分页号

2019年		凭证		摘要	借方 万千百十元角分	核对	贷方 万千百十元角分	核对	借或贷	余额 万千百十元角分	核对
月	日	种类	号数								
12	1			期初余额					借	1 0 2 0 0 0 0 0	
12	1	通	1	收到货款			5 0 0 0 0 0 0		借	5 2 0 0 0 0 0	

注：实际工作中会计启用新账时间为1月1日，摘要为"上年结转"。

过次页

附表5-4 其他应收款（张超凡）明细账

其他应收款明细账

一级科目：其他应收款
子目或户名：张超凡
总页号： 分页号：

年		凭证		摘要	借方								核对	贷方								借或贷	余额								核对
月	日	种类	号数		万	千	百	十	元	角	分			万	千	百	十	元	角	分			万	千	百	十	元	角	分		
12	2	通	2	借款		1	0	0	0	0	0		借										1	0	0	0	0	0		
				过次页																										

附表5-5 原材料（A材料）明细账

原材料商品明细账

计量单位：千克　　　产地：　　　　总页号：_____ 分页号：_____
　　　　　　　　　　　　　　　　　　货号：_____
　　　　　　　　　　　　　　　　　　品名：A材料
　　　　　　　　　　　　　　　　　　规格：_____

2019年		凭证		摘要	借（收入）方			贷（发出）方			结存		
月	日	字号	号数		数量	单价	金额 十万千百十元角分	数量	单价	金额 十万千百十元角分	数量	单价	金额 十万千百十元角分
12	1			期初余额							2 680	200.00	5 3 6 0 0 0 0
12	3	通	4	购材料	3 500	220.00	7 7 0 0 0 0 0						
				过次页									

附表5-6 原材料（B材料）明细账

原材料商品明细账

计量单位 __千克__ 品名: __B材料__

2019年		凭证		摘要	借（收入）方			贷（发出）方			结存		
月	日	字号	号数		数量	单价	金额 十万千百十元角分	数量	单价	金额 十万千百十元角分	数量	单价	金额 十万千百十元角分
12	1			期初余额							3 250	150.00	4 8 7 5 0 0 0
12	3	通	4	购材料	2 500	180	4 5 0 0 0 0 0						
				过次页									

附表5-7　应交税费（增值税）明细账（左半页）

应交税费（增值税）明细账

年		凭证		摘要	借方			贷方		
月	日	种类	号数		合计 千百十万千百十元角分	进项税额 千百十万千百十元角分		已交税金 千百十万千百十元角分	减免税款 千百十万千百十元角分	转出未交增值税 千百十万千百十元角分
12	2	通	3	销售产品	1 5 8 6 0 0 0 0					
12	3	通	4	购材料		1 5 8 6 0 0 0 0				
				过次页						

附表5-7 应交税费（增值税）明细账（右半页）

总页号　分页号

贷方																																										余额									
合计										销项税额										出口退税										进项税额转出										转出多交增值税										
千	百	十	万	千	百	十	元	角	分	千	百	十	万	千	百	十	元	角	分	千	百	十	万	千	百	十	元	角	分	千	百	十	万	千	百	十	元	角	分	千	百	十	万	千	百	十	元	角	分
	1	8	7	2	0	0	0	0	0		1	8	7	2	0	0	0	0	0																														

附表5-8 主营业务收入明细账

主营业务收入明细账

科目：主营业务收入

2019年		凭证		摘要	借方										贷方										借或贷	余额										按贷方分析填列																				
																																			甲产品									乙产品										
月	日	种类	号数		千	百	十	万	千	百	十	元	角	分	千	百	十	万	千	百	十	元	角	分		千	百	十	万	千	百	十	元	角	分	千	百	十	万	千	百	十	元	角	分	千	百	十	万	千	百	十	元	角	分
12	2	通	3	销售产品												1	4	4	0	0	0	0	0	0	贷		1	4	4	0	0	0	0	0	0			6	0	0	0	0	0	0	0			8	4	0	0	0	0	0	0
				过次页																																																			

附表5-9 错账更正

2019		凭证		摘要	借方									核对	贷方									核对	借或贷	余额									核对
月	日	种类	号数		万	千	百	十	元	角	分				万	千	百	十	元	角	分					万	千	百	十	元	角	分		
1	1			上年结转																					借		2	0	0	0	5	1	7	
1	5	通	18	支付货款	1	2	0	0	0	0	0																							
					1	0	0	0	0	0	0																							
				过次页																														

张龙

一级科目
子目或户名

总页号 分页号

实验六 编制科目汇总表、登记总账

 **实验目的**

通过实验,掌握科目汇总表账务处理程序下的科目汇总表的编制方法及总账的登记方法。

 实验指导

一、编制科目汇总表

(一) 科目汇总表的汇总期及格式

科目汇总表的汇总期由企业根据自身经济业务的特点自行决定,可以每 5 天、10 天、15 天汇总一次,业务量不多的企业也可以一个月汇总一次。本实验中的湖北省静友有限公司采用一个月汇总一次的方法,科目汇总表格式见附表 6-1。

(二) 科目汇总表的填制方法

科目汇总表的编制方法有两种:直接编制法和 T 型账户编制法。湖北省静友有限公司采用 T 型账户编制法。T 型账户编制法是:首先,根据汇总期全部审核无误的记账凭证所涉及的全部总账科目开设 T 型账户,将汇总期的记账凭证逐笔序时登记到开设的 T 型账户上;其次,逐项计算出各 T 型账户借、贷方发生额合计;最后,将各 T 型账户上的借、贷方发生额合计抄录到科目汇总表上,计算出所有会计科目的借、贷方发生额总计,进行平衡。

(三) 科目汇总表的保管

科目汇总表是登记总账的依据,具有记账凭证的性质,应附在编制时所依据的记账凭证之前,与记账凭证装订在一起,存档保管。

(四) 科目汇总表的填制案例

科目汇总表的填制,见附表 6-2。

二、登记总账

科目汇总表试算平衡以后,即可作为登记总账的依据。总账登记方法,见附表 6-3。

实验资料

湖北省静友有限公司 2019 年 12 月记账凭证。

实验要求

1. 根据审核无误的记账凭证，采用科目表核算形式按月进行汇总，编制湖北省静友有限公司 2019 年 12 月会计科目汇总表；并将科目汇总表试算平衡。

2. 根据试算平衡的湖北省静友有限公司 2019 年 12 月会计科目汇总表，登记总账。

附表 6-1 科目汇总表格式

科目汇总表

会汇字第 号

记账凭证自 年 月 日至 日第 号至第 号共 张 年 月 日

科 目	借 方								核对	贷 方								核对
	十	万	千	百	十	元	角	分		十	万	千	百	十	元	角	分	
合 计																		

会计主管: 　　　　记账: 　　　　复核: 　　　　制表:

附表6-2 科目汇总表的填制

科目汇总表

会汇字第12号

记账凭证自2019年12月1日至31日第1号至第*号共*张2019年12月31日

科目	借方									核对	贷方									核对
	十	万	千	百	十	元	角	分			十	万	千	百	十	元	角	分	
库存现金			2	2	0	0	0	0					2	2	4	0	0	0	
银行存款																			
……																			
合 计																			

会计主管： 记账： 复核： 制表：

附表6-3 总账的登记

总 账

科目 库存现金　　第 1 号

2019年		凭证		摘要	√	借方									贷方									借或贷	余额								
月	日	字	号			亿	千	百	十	万	千	百	十	元	角	分	亿	千	百	十	万	千	百	十	元	角	分		亿	千	百	十	万	千	百	十	元	角	分
12	1			期初余额																								借					8	2	0	0	0	0
12	31	汇	12	汇总12月份记账凭证					2	2	0	0	0	0						2	2	4	0	0	0	借					8	1	6	0	0	0
				过次页																																		

实验七　对账、结账

实验目的

通过实验，掌握对账的内容和方法以及结账的方法。

实验指导

一、对账

对账是指在经济业务入账之后，进行账簿记录的核对。企业应当定期对会计账簿记录的有关数字与库存实物、货币资金、有价证券、往来款项进行相互核对，保证账证相符、账账相符、账实相符。对账一般应在本月内的全部经济业务登记入账，并结出各账户的期末余额之后进行，但是如果出现人员调动等特殊情况，应根据需要随时对账。

（一）账证核对

账证核对就是核对会计账簿记录与原始凭证、记账凭证的时间、凭证字号、内容、金额是否一致，记账方向是否相符。

1. 总账账证核对。总账与记账凭证及所附原始凭证核对，并在账上画"√"。
2. 日记账（现金日记账、银行存款日记账）账证核对。日记账与记账凭证及所附原始凭证核对，并在账上画"√"。
3. 明细账账证核对。明细账与记账凭证及所附原始凭证核对，并在账上画"√"。

（二）账账核对

账账核对就是核对不同会计账簿之间记录是否相符，包括：总账有关账户的余额核对、总账与明细账核对、总账与日记账核对、会计部门的财产物资明细账与财产物资保管及使用部门的有关明细账核对。

1. 总账账账核对。根据总账的记录，编制"试算平衡表"。试算平衡表格式见附表7-1。
2. 日记账（现金日记账、银行存款日记账）账账核对。日记账与总账核对。
3. 明细账账账核对。每类明细账户汇总后，再与总账核对。

（三）账实核对

账实核对就是核对会计账簿记录与财产实有数额是否相符，包括：

1. 现金日记账账实核对，即现金日记账账面余额与现金实际库存数核对。采用账存数与实存数相核对的方法。

2. 银行存款日记账账实核对，即银行存款日记账账面余额与银行对账单相核对，找出未达账项，编制银行存款余额调节表。

3. 明细分类账账实核对，即各种财物明细账账面余额与财物实存数额相核对。采用实地盘点法和询证核对法，进行账面余额与仓库、客户核对。

4. 各种应收或应付款明细账账面余额与有关债务或债权单位或者个人核对等。

二、结账

结账是指在将本期内所发生的经济业务全部登记入账的基础上，按照规定的方法对该期内的账簿记录进行小结，结算出本期发生额合计和余额，并将其余额结转下期或者转入新账。结账的一般原则如下：

（1）公司应当按照规定定期结账。

（2）结账前，必须将本期内所发生的各项经济业务全部登记入账。

（3）结账时，应结出每个账户的期末余额。本月没有发生额的账户，不必进行月结（不画结账线）；不需按月结计本月发生额的账户，在期末结出余额后，只需在本月最后一笔记录下面画通栏单红线；需要结出当月发生额的，应当在下面一行摘要栏内注明"本月合计"字样，结出本月发生额及余额，并在"本月合计"字样下画通栏单红线。需要结出本年累计发生额的账户，按月结出本年累计发生额，在"本月合计"字样下画一条通栏单红线后，下面一行摘要栏再注明"本年累计"并结出本季或本年发生额及余额，在下面再画一条通栏单红线。

（4）年度终了，要把各账户的余额结转下年，并在摘要栏内注明"结转下年"字样，在下年新账第一行余额栏填写上年结转的余额，并在摘要栏注明"上年结转"字样，见附表 7-2。注意，不能为了提前编制会计报表而先结账，也不能先编制会计报表后结账。

实验资料

湖北省静友有限公司 2019 年 12 月原始凭证、记账凭证、明细账账簿、日记账账簿、总分类账账簿等资料。

实验要求

1. 结出湖北省静友有限公司 2019 年 12 月总分类账和各明细账本月发生额和期末余额。

2. 期末对账。

3. 结账。

附表 7-1 试算平衡表格式

试算平衡表

年 月 日至 年 月 日　　凭证自 号至 号共 张

科目	期初余额		本期发生额		期末余额	
	借方金额	贷方金额	借方金额	贷方金额	借方金额	贷方金额
合计:						

主管:　　　　　　　　　记账:　　　　　　　　　复核:　　　　　　　　　制表:

附表7-2 结账

总　账

科目 库存现金　　　　　第 1 号

2019年		凭证		摘要	∨	借方										贷方										借或贷	余额									
月	日	字	号			亿	千	百	十	万	千	百	十	元	角	分	亿	千	百	十	万	千	百	十	元	角	分		亿	千	百	十	万	千	百	十	元	角	分
12	1			期初余额																									借					8	2	0	0	0	0	0
12	31	汇	12	汇总12月份记账凭证					2	2	0	0	0	0	0					2	2	4	0	0	0	0	借					8	1	6	0	0	0
12	31			本月合计					2	2	0	0	0	0	0					2	2	4	0	0	0	0	借					8	1	6	0	0	0
				结转下年																																				
				过次页																																				

实验八　编制与审核会计报表

实验目的

通过实验，掌握资产负债表的编制方法和平衡原理，掌握利润表的分步编制方法和利润形成过程。

实验指导

一、资产负债表

资产负债表是反映企业在某一特定日期财务状况的报表。资产负债表一般分表首、正表两部分。其中，表首概括说明报表名称、编制单位、报表日期、报表编号、货币名称及计量单位等，正表则列示了用以说明企业财务状况的各个项目。

（一）资产负债表的格式与内容

资产负债表的格式有报告式和账户式两种。我国资产负债表的格式采用账户式，资产负债表左右双方平衡，即资产总计等于负债和所有者权益总计。账户式资产负债表格式见附表 8-1。

（二）资产负债表的编制方法

资产负债表各项目需要分为"年初数"和"期末数"两栏分别列示。表中"年初数"栏内各项目数字应根据上年年末资产负债表"期末数"栏内所列数字填列。"期末数"是指某一会计期末的数字。资产负债表各项目"期末数"栏内的数字，可通过以下几种方式取得。

第一，根据总账余额直接填列，如短期借款、应收股利等项目。

第二，根据总账余额计算填列，如货币资金等项目。

第三，根据明细账余额计算填列，如应付账款等项目。

第四，根据总账余额和明细账余额分析计算填列，如长期借款等项目。

第五，根据有关账户余额减去其备抵账户余额后的净额填列，如固定资产等项目。

具体项目的填列方法如下。

1. "货币资金"项目：反映企业库存现金、银行存款、其他货币资金的合计数。本项目应根据"库存现金""银行存款""其他货币资金"账户的期末余额合计填列。

2. "交易性金融资产"项目：反映企业购入的各种能随时变现，并准备随时变现的股票、债券和基金投资。本项目应根据"交易性金融资产"账户的期末余额填列。

3. "应收票据"项目：反映企业收到的未向银行贴现的应收票据，包括商业承兑汇票和银行承兑汇票。本项目应根据"应收票据"账户的期末余额填列。已向银行贴现和已背书转让的应收票据不包括在本项目内。

4. "应收股利"项目：反映企业因股权投资而应收取的现金股利，企业应收其他单位的利润，也包括在本项目内。本项目应根据"应收股利"账户的期末余额填列。

5. "应收利息"项目：反映企业因债权投资而应收取的利息。本项目应根据"应收利息"账户的期末余额填列。

6. "应收账款"项目：反映企业因销售商品、产品和提供劳务等而应向购买单位收取的各种款项，减去已计提的坏账准备后的净额。本项目应根据"应收账款"账户和"预收账款"账户所属各明细账的期末借方余额合计，减去坏账准备账户中有关应收账款计提的坏账准备期末余额后的金额填列。如"应收账款"账户所属明细账期末有贷方余额，应在本表"预收款项"项目内填列。

7. "其他应收款"项目：反映企业对其他单位和个人的应收和暂付的款项，减去已计提的坏账准备后的净额。本项目应根据"其他应收款"账户的期末余额减去"坏账准备"账户中有关其他应收款计提的坏账准备期末余额后的金额填列。

8. "预付账款"项目：反映企业预付给供应单位的款项。本项目应根据"预付账款"账户和"应付账款"账户所属各明细账的期末借方余额合计填列。如"预付账款"账户所属有关明细账期末有贷方余额，应在本表"应付账款"项目内填列。如"应付账款"账户所属明细账有借方余额，也应包括在本项目内。

9. "存货"项目：反映企业期末库存、在途和加工中的各项存货的价值，包括各种材料、商品、在产品、半成品、包装物和低值易耗品等。本项目应根据"在途物质（或材料采购）""原材料""库存商品""周转材料""委托加工物质""生产成本"等账户的期末余额合计减去"存货跌价准备"账户期末余额后的金额填列。原材料采用计划成本核算的企业，还应按加或减材料成本差异后的金额填列。

10. "其他流动资产"项目：反映企业除以上流动资产项目外的其他流动资产，本项目应根据有关账户的期末余额填列。如其他流动资产价值较大，则应在会计报表附注中披露其内容和金额。

11. "可供出售金融资产"项目：反映企业持有的可供出售金融资产的净值。本项目应根据"可供出售金融资产"账户期末余额减去"可供出售金融资产减值准备"账户余额后的金额填列。

12. "持有至到期投资"项目：反映企业所拥有的期限在一年以上而且持有至到期日确定的债权性投资的净值。本项目应根据"持有至到期投资"账户余额减去"持有至到期投资减值准备"账户余额后的金额填列。

13. "长期应收款"项目：反映企业应收期限在一年以上的款项。本项目应根据"长期应收款"账户的期末余额减去"坏账准备"账户中有关长期应收款计提的坏账准备期末余额后的金额填列。

14. "长期股权投资"项目：反映企业不准备在一年内（含一年）变现的各种股权性

质投资的可收回金额。本项目应根据"长期股权投资"账户的期末余额减去"长期股权投资坏账准备"账户余额后的金额填列。

15. "投资性房地产"项目：反映企业拥有的用于出租的建筑物和土地使用权的金额。本项目应根据"投资性房地产"账户的期末余额填列。

16. "固定资产"项目：反映企业各种固定资产的净值。融资租入的固定资产，其原价及已提折旧也包括在内。本项目应根据"固定资产"账户余额减去"累计折旧"账户余额和"固定资产减值准备"账户余额后的金额填列。

17. "在建工程"项目：反映企业期末各项未完工程的实际支出，包括交付安装的设备价值，未完建筑安装工程已经耗用的材料、工资和费用支出，预付出包工程的价款，已经建筑安装完毕但尚未交付使用的工程等的可收回金额。本项目应根据"在建工程"账户余额减去"在建工程减值准备"账户余额后的金额填列。

18. "固定资产清理"项目：反映企业因出售、毁损、报废等原因转入清理但尚未清理完毕的固定资产的账面价值，与固定资产清理过程中所发生的清理费用和变价收入等各项金额的差额。本项目应根据"固定资产清理"账户的期末余额填列。如"固定资产清理"账户期末为贷方余额，以"-"号填列。

19. "无形资产"项目：反映企业的各项无形资产的期末可收回金额。本项目应根据"无形资产"账户余额减去"累计摊销"账户余额和"无形资产减值准备"账户余额后的金额填列。

20. "开发支出"项目：反映企业自行研究开发无形资产在期末尚未完成开发阶段的无形资产的价值。本项目应根据"研发支出"账户的期末余额填列。

21. "长期待摊费用"项目：反映企业尚未摊销的摊销期限在一年以上（不含一年）的各种费用，如租入固定资产改良支出及摊销期限在一年以上（不含一年）的其他待摊费用。本项目应根据"长期待摊费用"账户的期末余额填列。

22. "其他非流动资产"项目：反映企业除以上资产以外的其他长期资产。本项目应根据有关账户的期末余额填列。如其他非流动资产价值较大，则应在会计报表附注中披露其内容和金额。

23. "短期借款"项目：反映企业借入尚未归还的一年期以下（含一年）的借款。本项目应根据"短期借款"账户的期末余额填列。

24. "交易性金融负债"项目：反映企业承担的以公允价值计量且其变动计入当期损益的、为交易目的所持有的金融负债。本项目应根据"交易性金融负债"账户的期末余额填列。

25. "应付票据"项目：反映企业为了抵付货款等而开出、承兑的尚未到期付款的应付票据，包括银行承兑汇票和商业承兑汇票。本项目应根据"应付票据"账户的期末余额填列。

26. "应付账款"项目：反映企业因购买原材料、商品和接受劳务供应等应付给供应单位的款项。本项目应根据"应付账款"账户和"预付账款"账户所属各明细账的期末贷方余额合计填列。如"应付账款"账户所属各明细账期末有借方余额，则应在本表"预付款项"项目内填列。

27. "预收账款"项目：反映企业预收购买单位的账款。本项目应根据"预收账款"账户和"应收账款"账户所属各明细账的期末贷方余额合计填列。如"预收账款"账户所属有关明细账户有借方余额，则应在本表"应收账款"项目内填列。

28. "应付职工薪酬"项目：反映企业应付而未付的职工薪酬。应付职工薪酬包括应付职工的工资、奖金、津贴和补贴、职工福利费和医疗保险费等各种保险费以及住房公积金等。本项目应根据"应付职工薪酬"账户的期末余额填列。如"应付职工薪酬"账户期末有借方余额，以"-"号填列。

29. "应付股利"项目：反映企业尚未支付的现金股利。本项目应根据"应付股利"账户的期末余额填列。

30. "应交税费"项目：反映企业期末未交、多交或未抵扣的各种税金和其他费用。本项目应根据"应交税费"账户的期末余额填列。如"应交税费"账户期末为借方余额，以"-"号填列。

31. "其他应付款"项目：反映企业所有应付和暂收其他单位和个人的款项。本项目应根据"其他应付款"账户的期末余额填列。

32. "其他流动负债"项目：反映企业除以上流动负债以外的其他流动负债。本项目应根据有关账户的期末余额填列。如其他流动负债较大，则应在会计报表附注中披露其内容及金额。

33. "长期借款"项目：反映企业借入尚未归还的一年期以上（不含一年）的借款本息。本项目应根据"长期借款"账户的期末余额，减去一年内到期部分的长期应付款后填列。

34. "应付债券"项目：反映企业发行的尚未偿还的各种长期债券的本息。本项目应根据"应付债券"账户的期末余额填列。

35. "长期应付款"项目：反映企业除长期借款和应付债券以外的其他各种长期应付款项。本项目应根据"长期应付款"账户的期末余额减去相应的"未确认融资费用"账户期末余额和一年内到期的部分金额后的金额填列。

36. "专项应付款"项目：反映企业取得的政府作为企业所有者投入的具有专项或特定用途的款项。本项目应根据"专项应付款"账户的期末余额填列。

37. "预计负债"项目：反映企业确认的对外提供担保、未决诉讼及产品质量保证等事项的预计负债的期末余额。本项目应根据"预计负债"账户的期末余额填列。

38. "其他非流动负债"项目：反映企业除以上非流动负债项目以外的其他非流动负债。本项目应根据有关账户的期末余额填列。如其他非流动负债较大，应在会计报表附注中披露其内容和金额。

39. "实收资本（股本）"项目：反映企业各投资者实际投入的资本（或股本）总额。本项目应根据"实收资本（股本）"账户的期末余额填列。

40. "资本公积"项目：反映企业资本公积的期末余额。本项目应根据"资本公积"账户的期末余额填列。

41. "盈余公积"项目：反映企业盈余公积的期末余额。本项目应根据"盈余公积"账户的期末余额填列。

42. "未分配利润"项目：反映企业尚未分配的利润。本项目应根据"本年利润"账户和"利润分配"账户的余额计算填列。如为未弥补的亏损，在本项目内以"-"填列。

二、利润表

利润表是反映企业在一定会计期间经营成果的报表。

（一）利润表的格式

利润表的格式一般有两种，即单步式利润表和多步式利润表。在我国，一般采用多步式利润表。多步式利润表格式见附表8-2。

（二）利润表的编制方法

利润表中各项目需要分为"本期数"和"上期数"两栏分别填列。"上期数"栏，应根据上年该期利润表的本期数栏内所列数字填列。报表中"本期数"栏各项目，一般是根据各损益类账户的本期发生额分析填列。具体填列方法如下：

1. "营业收入"项目：反映企业经营主要业务和其他业务所取得的收入总额。本项目应根据"主营业务收入"和"其他业务收入"账户的发生额分析填列。

2. "营业成本"项目：反映企业经营主要业务和其他业务发生的实际成本总额。本项目应根据"主营业务成本"和"其他业务成本"账户的发生额分析填列。

3. "税金及附加"项目，反映企业经营业务应负担的消费税、城市维护建设税、资源税、土地增值税和教育费附加等，注意，增值税属于价外税，不应计算在内。本项目应根据"税金及附加"账户的发生额分析填列。

4. "销售费用"项目：反映企业在销售商品过程中发生的包装费、广告费等费用和为销售本企业商品而专设销售机构的职工薪酬、业务费等经营费用。本项目应根据"销售费用"账户的发生额分析填列。

5. "管理费用"项目：反映企业为组织和管理生产经营发生的管理费用。本项目应根据"管理费用"账户的发生额分析填列。

6. "财务费用"项目：反映企业筹集生产经营所需资金等而发生的筹资费用。本项目应根据"财务费用"账户的发生额分析填列。

7. "资产减值损失"项目：反映企业各项资产发生的减值损失。本项目应根据"资产减值损失"账户的发生额分析填列。

8. "公允价值变动收益"项目：反映企业按照相关准则规定应当计入当期损益的资产或负债公允价值变动净收益。本项目应根据"公允价值变动收益"账户的发生额分析填列。如为净损失，以"-"号填列。

9. "投资收益"项目：反映企业以各种方式对外投资所取得的收益。本项目应根据"投资收益"账户的发生额分析填列。如为投资净损失，以"-"号填列。

10. "资产处置收益"项目，反映企业出售划分为持有待售的非流动资产（金融工具、长期股权投资和投资性房地产除外）或处置组时确认的处置利得或损失，以及处置未划分为持有待售的固定资产、在建工程、生产性生物资产及无形资产而产生的处置利得或损失。债务重组中因处置非流动资产产生的利得或损失和非货币性资产交换产生的利得或损失也包括在本项目内。该项目应根据在损益类科目新设置的"资产处置损益"科目的发生额分析填列。如为处置损失，以"-"号填列。

11. "其他收益"项目，反映计入其他收益的政府补助等。该项目应根据在损益类科目新设置的"其他收益"科目的发生额分析填列。

12. "营业利润"项目，反映企业一定时期发生的营业利润总额。本项目应根据前面行次内容相加减计算填列。

13. "营业外收入"项目，反映企业发生的营业利润以外的收益，主要包括债务重组利得、与企业日常活动无关的政府补助、盘盈利得、捐赠利得等。该项目应根据"营业外收入"科目的发生额分析填列。

14. "营业外支出"项目，反映企业发生的营业利润以外的支出，主要包括债务重组损失、公益性捐赠支出、非常损失、盘亏损失、非流动资产毁损报废损失等。该项目应根据"营业外支出"科目的发生额分析填列。

15. "利润总额"项目，反映企业一定时期内所取得的总利润。本项目应根据相关行次内容相加减计算填列。

16. "所得税费用"项目，反映企业按规定应该缴纳的企业所得税费用。本项目应根据"所得税费用"账户的发生额分析填列。

17. "净利润"项目，反映企业一定时期内获得的税后净利润总额。本项目根据相关行次计算填列。

18. "持续经营净利润"项目，反映净利润中与持续经营相关的净利润。如为净亏损，以"-"号填列。该项目应按照《企业会计准则第42号——持有待售的非流动资产、处置组和终止经营》的相关规定列报。

19. "终止经营净利润"项目，反映净利润中与终止经营相关的净利润；如为净亏损，以"-"号填列。该项目应按照《企业会计准则第42号——持有待售的非流动资产、处置组和终止经营》的相关规定列报。

三、会计报表的审核

为了保证会计报表正确无误，会计报表编制完成以后，必须对报表编制的完整性、合理性、正确性和真实性进行认真审核后才能上报。

会计报表审核的主要内容有以下三个方面。

（1）会计报表的种类是否按要求填制齐全，要求填列的项目是否全部填列。

（2）会计报表各项目数字是否正确，有关小计、合计、总计或差额计算是否正确；表内及表与表之间的勾稽关系是否正确。

（3）会计报表中需要加以说明的问题，是否有相应的文字说明，补充资料是否填列完整。审核会计报表是一项细致工作，各企业单位应指派专人负责审核工作，以保证报表的质量符合要求。

实验资料

湖北省静友有限公司 2019 年 12 月原始凭证、记账凭证、明细账账簿、日记账账簿、总分类账账簿等资料。

实验要求

1. 根据总分类账、明细账及其他有关资料，编制湖北省静友有限公司 2019 年 12 月 31 日"资产负债表"。

2. 根据总分类账、明细账及其他有关资料，编制湖北省静友有限公司 2019 年 12 月"利润表"。

附表 8-1 资产负债表格式

资产负债表

会企 01 表

编制单位：　　　　　　　　　　　　年　　月　　日　　　　　　　　　　　单位：元

资　产	期末余额	上年年末余额	负债和所有者权益	期末余额	上年年末余额
流动资产：			流动负债：		
货币资金			短期借款		
交易性金融资产			交易性金融负债		
衍生金融资产			衍生金融负债		
应收票据			应付票据		
应收账款			应付账款		
应收款项融资			预收款项		
预付款项			合同负债		
其他应收款			应付职工薪酬		
存货			应交税费		
合同资产			其他应付款		
持有待售资产			持有待售负债		
一年内到期的非流动资产			一年内到期的非流动负债		
其他流动资产			其他流动负债		
流动资产合计			流动负债合计		
非流动资产：			非流动负债：		
债券投资			长期借款		
其他债券投资			应付债券		
长期应收款			其中：优先股		
长期股权投资			永续债		
其他权益工具投资			租赁负债		

续表

资　产	期末余额	上年年末余额	负债和所有者权益	期末余额	上年年末余额
其他非流动金融资产			长期应付款		
投资性房地产			预计负债		
固定资产			递延收益		
在建工程			递延所得税负债		
生产性生物资产			其他流动负债		
油气资产			非流动负债合计		
使用权资产			负债合计		
无形资产			所有者权益（或股东权益）：		
开发支出			实收资本（或股本）		
商誉			其他权益工具		
长期待摊费用			其中：优先股		
递延所得税资产			永续债		
其他非流动资产			资本公积		
非流动资产合计			减：库存股		
			其他综合收益		
			专项储备		
			盈余公积		
			未分配利润		
			所有者权益（或股东权益）合计		
资产总计			负债和所有者权益（或股东权益）总计		

主管：　　　　　　　　　　　复核：　　　　　　　　　　　制表：

附表 8-2 利润表格式

利 润 表

会企 02 表

编制单位：　　　　　　　　　　　　　年　月　　　　　　　　　　　　　　　单位：元

项　目	行号	本期金额	上期金额
一、营业收入	1		
减：营业成本	2		
税金及附加	3		
销售费用	4		
管理费用	5		
研发费用	6		
财务费用	7		
其中：利息费用	8		
利息收入	9		
加：其他收益	10		
投资收益（损失以"-"号填列）	11		
其中：对联营企业和合营企业的投资收益	12		
以摊余成本计量的金融资产终止确认收益（损失以"-"填列）	13		
净敞口套期收益（损失以"-"号填列）	14		
公允价值变动收益（损失以"-"填列）	15		
信用减值损失（损失以"-"填列）	16		
资产减值损失（损失以"-"填列）	17		
资产减值处置收益（损失以"-"填列）	18		
二、营业利润（亏损以"-"号填列）	19		
加：营业外收入	20		
减：营业外支出	21		
三、利润总额（亏损总额以"-"号填列）	22		
减：所得税费用	23		
四、净利润（净亏损以"-"号填列）	24		
（一）持续经营净利润（损失以"-"填列）	25		
（二）终止经营净利润（损失以"-"填列）	26		
五、其他综合收益的税后净额	27		
（一）不能重分类进损益的其他综合收益	28		
（二）将重分类进损益的其他综合收益	29		
六、综合收益总额	30		
七、每股收益	31		
（一）基本每股收益	32		
（二）稀释每股收益	33		

主管：　　　　　　　　　　　　复核：　　　　　　　　　　　　制表：

实验九　装订会计凭证、整理账表

实验目的

通过实验，整理明细账簿，掌握会计凭证的装订方法，要求整齐美观、信息齐全。并熟悉会计档案管理知识。

 实验指导

一、会计凭证的装订及管理

（一）会计凭证的装订

会计凭证装订是指各种记账凭证在办理各项业务手续并据以记账以后，由会计人员定期清点、整理、分类的程序和方法。

1. 装订前，首先检查本月全部记账凭证、附件以及会计凭证的封面及封底。检查每张记账凭证所附原始凭证的张数是否齐全，并对原始凭证进行必要的外形加工；过宽过长的附件，应根据记账凭证的尺寸进行纵向或横向的折叠；过小的附件，应粘贴在专用的原始凭证粘贴单上。其次，检查记账凭证是否按自然数连续编号，有无跳号或重号现象。

2. 在整理清点后的会计凭证前附上科目汇总表，加具封面，向左上角磕齐，用夹子夹紧。

3. 用装订机在整理好的记账凭证左上角扎两个孔（或在会计凭证左边扎三个孔），用线绳订好，将线结打在背面，用牛皮纸封好盖骑缝章。

4. 填写会计凭证封面。封面各记事栏，是事后查账或查有关事项的最基本的索引。其中，"册数编号"填本月共多少册，此册为第几册；"凭证张数"填本册共多少张；"记账凭证"的号数"自第×号至第×号"一栏也要填写清晰。要把所附原始凭证张数加计清点，准确填好数字；装订年、月、日要如实填写；会计主管人员、装订人员要盖章，装订线上应有封签，并加盖骑缝章。会计凭证装订方法见图9-1。

5. 年度终了，应将装订成册的会计凭证归档保管。原则上应由财会部门编造清册登记"会计档案（会计凭证）目录"，清册一般可暂由本单位财会部门保管一年。期满后，移交本单位档案部门保管。

（二）会计凭证的保管

会计凭证的保管是指会计凭证登账后的整理、装订和归档存查。会计凭证是各项经济活动的历史记录，是重要的经济档案，因此，必须妥善整理和保管，不得丢失或任意

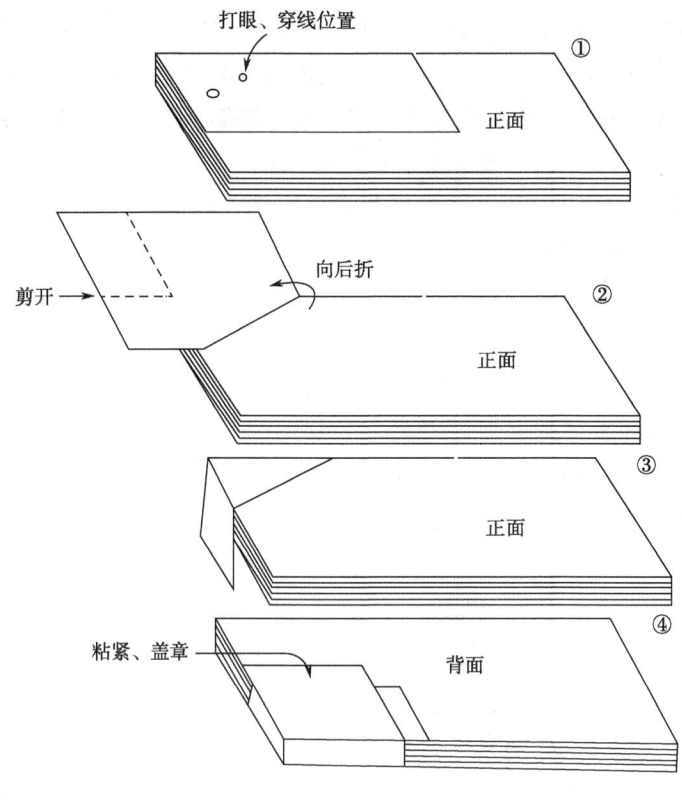

图 9-1　会计凭证装订方法示意图

销毁。

1. 会计凭证的造册归档。当年的会计凭证应由会计部门按照归档要求，负责整理并装订成册。当年的会计凭证，在会计年度结束后，可由会计部门保管一年，期满后应由会计部门编造清册移交本单位档案部门保管。会计凭证必须妥善保管，存放有序，查找方便，并严防销毁、丢失和泄露。

2. 会计凭证的保管期限和销毁。会计凭证保管期限未满，任何人都不得随意销毁。按规定销毁会计凭证时，必须开列清单，报经批准后，由档案部门和会计部门共同派人员监销。在监销前，监销人应认真清点核对，销毁后，在销毁清册上签名或盖章，并将销毁情况报本单位负责人。会计凭证保管期限，见附表 9-1。

二、会计账簿的装订及管理

（1）年度终了，各种账簿（包括仓库的材料、产成品或商品明细分类账）在结转下年、建立新账后，一般要把旧账送交总账会计集中统一整理。

（2）账簿于年终结账后，应先将活页账中的空白账页抽出，然后装订成册，再连同其他账簿一起编号归档保管。

（3）活页账按页码顺序排好，加封面后装订成本。

（4）各种账簿按照会计科目顺序排列，据以逐本登记"会计档案（会计账簿）目录"，会计账簿封面的有关内容要写全。"单位名称"要写全称；"××账"要写账户的全称，不要只写科目的代号。"本账页数"要写账簿的有效页数，会计主管人员和记账员都要盖章；"保管期限"要填写统一规定的时间（会计账簿保管期限，见附表9-1）。卷脊上必须写上"××年度××账"，写上案卷号，以便保存利用。

（5）日常保管由记账人员负责，登记账簿时要保持书写整齐清洁，不得涂污，避免账页破损，保护账本完整。每日下班前，要整理账簿，加锁保存，防止丢失。账簿不得外借。

三、会计报表的装订及管理

（一）会计报表的装订

1. 每月由主管报表的会计人员将各种月报表整理装订。将资产负债表、利润表等叠放在一起，加具会计报表封面，然后装订。在实际工作中，如果单位还有其他附表，也要订在一起。填写会计报表封面，加盖公章。封面上应注明：单位名称，单位地址，财务报告所属年度、季度、月度，送出日期，并由单位负责人和财务负责人盖章。

2. 年末，由主管报表的人员将全年会计报表，按时间顺序整理装订成册，登记"会计档案（会计报表）目录"，逐项填写报表名称、页数、归档日期等，经会计机构负责人审核、盖章后，由主管报表人员负责装盒归档。

（二）会计报表的保管

会计报表在会计部门保管一年，满一年后应开列清册，移交档案部门进行保管。若会计报表由会计部门负责归档保管，应设专屋或专柜保管。会计报表保管期限，见附表9-1。

实验资料

湖北省静友有限公司2019年12月会计凭证、会计账簿、会计报表等资料。

实验要求

1. 对湖北省静友有限公司2019年12月进行会计凭证的整理装订。
2. 对湖北省静友有限公司2019年12月进行会计账簿的整理装订。
3. 对湖北省静友有限公司2019年12月进行会计报表的整理装订。
4. 撰写实验报告，作业资料装袋上交。

附表 9-1 企业和其他组织会计档案保管期限表

企业和其他组织会计档案保管期限表

序号	档案名称	保管期限	备注
一	会计凭证类		
1	原始凭证	30 年	以电子凭证纸质版入账留档保存，必须同时保存电子档
2	记账凭证	30 年	
二	会计账簿类		
3	总账	30 年	
4	明细账	30 年	
5	日记账	30 年	
6	固定资产卡片		固定资产报废清理后保管 5 年
7	辅助账簿	30 年	
三	财务报告类		包括各级主管部门汇总财务报告
8	月、季度财务报告	10 年	包括文字分析
9	年度财务报告（决算）	永久	包括文字分析
四	其他类		
10	银行存款余额调节表	10 年	
11	银行对账单	10 年	
12	纳税申报表	10 年	
13	会计档案移交清册	30 年	
14	会计档案保管清册	永久	
15	会计档案销毁清册	永久	

实验十　点钞方法和人民币识别技术

实验目的

通过实验,熟练掌握两种以上点钞方法,掌握人民币真假的识别技术。

实验指导

点钞是财经类专业的学生应该学习的一项专业技术,也是从事财会、金融、商品经营等工作必须具备的基本技能。

由于钞票种类繁多、票面新旧不一,因此,只有熟练掌握点钞的方法和技术,才能在收款、付款、结账缴款等项出纳工作中,尽可能地减少差错、事故的发生,提高工作效率,确保财产的安全完整。

一、点钞的基本程序和要求

（一）点钞的基本程序

拆把→点数→扎把→盖章。

1. 拆把：把待点的成把钞票的封条拆掉。
2. 点数：手点钞,脑记数,点准一百张。
3. 扎把：把点准的一百张钞票墩齐,用腰条扎紧。
4. 盖章：在扎好的钞票的腰条上加盖经办人名章,以明确责任。

（二）点钞的基本要求

在人民币的收付和整点中,要把混乱不齐、折损不一的钞票进行整理,使之整齐美观。整理的具体要求如下：

- 平铺整齐,边角无折。同券一起,不能混淆。
- 券面同向,不能颠倒。验查真伪,去伪存真。
- 剔除残币,完残分放。百张一把,十把一捆。
- 扎把捆捆,经办盖章。清点结账,复核入库。

为达到上述具体要求,应做到以下几点：

1. 坐姿端正。点钞的坐姿会直接影响点钞技术的发挥和提高。正确的坐姿应该是直腰挺胸,身体自然,肌肉放松,双肘自然放在桌上,持票的左手腕部接触桌面,右手腕部稍抬起,整点货币轻松持久,活动自如。

2. 用品定位。点钞时使用的印泥、图章、水盒、腰条等要按使用顺序固定位置放好,以便点钞时使用顺手。

3. 点数准确。点钞技术关键是一个"准"字，清点和记数的准确是点钞的基本要求。要做到点数准确，一要精神集中，二要定型操作，三要手点、脑记、眼看，即手、眼、脑紧密配合。

4. 钞票墩齐。钞票点好后必须墩齐（四条边水平，不露头，卷角拉平）才能扎把。

5. 扎把捆紧。扎小把，以提起把中第一张钞票不被抽出为准。按"#"字形捆扎的大捆，以用力推不变形，抽不出票把为准。

6. 盖章清晰。腰条上的名章是分清责任的标志，每个人整点后都要盖章，图章要清晰可辨。

7. 动作连贯。动作连贯是保证点钞质量和提高效率的必要条件，点钞过程的各个环节（拆把、清点、墩齐、扎把、盖章）必须密切配合，环环相扣。清点中双手动作要协调，速度要均匀，要注意减少不必要的小动作。

二、点钞的方法

点钞按是否使用机器分为机器点钞和手工点钞。机器点钞包括点钞机点钞和硬币清分机点钞；手工点钞根据持票姿势不同，可划分为手持式点钞方法和手按式点钞方法。这里主要介绍手工点钞。

（一）手按式点钞方法

1. 手按式单张点钞法。这种点钞方法是点钞中最普遍、最简单的方法之一。由于此种方法简单易学，既适用于出纳人员整点各种新旧、大小票，也适用于一般场合中的现金交易。这种方法的优点是便于清点各种票面额的钞票以及整理残次票，对识别假票也有帮助；缺点是整点速度慢，劳动强度大。具体操作方法如下：

（1）按票的姿势。将钞票墩齐横放在桌子中央部位，左手放在钞票偏左的位置上，用中指、无名指和小拇指按住钞票，右手放在钞票偏右的位置上，拇指托起一部分钞票，做好点票的准备。

（2）翻票和记数。用右手食指蘸水后向上捻动钞票，大拇指向上托起辅助食指动作，每翻起一张，左手拇指即向上推送并由食指和中指夹住，重复以上动作，直至点完为止。每翻起一张钞票数一下，从1数到100为一组；或者采用只记十位数的方法，即将10念1，20念2，30念3，90念9，100念10。

2. 手按式双张点钞法。采用双张点钞法比单张点钞法速度快些，但不便于清点新旧票及残次票。具体操作方法如下：

（1）按票的姿势。将钞票墩齐放在桌子中央，左手放在钞票偏左的位置上并用中指、无名指、小拇指压住。右手大拇指托起右下角一部分钞票。

（2）翻票和记数。右手食指、中指蘸水，中指捻起第一张钞票，食指随即捻起第二张。捻起的两张钞票由左手拇指向上推送并由食指和中指夹住，重复以上动作直至点完为止。记数时每翻起两张钞票心中默数一下，从1数到50即可。

(二) 手持式点钞方法

手持式点钞方法是在手按式点钞方法的基础上发展而来的，其速度远比手按式点钞方法快，因此，手持式点钞方法在全国各地应用比较普遍。

手持式点钞方法，根据指法不同又可分为单指单张点钞法、单指多张点钞法、多指多张点钞法、扇面式点钞法4种。

1. 单指单张点钞法。用一个手指一次点一张的方法叫单指单张点钞法。这种方法是点钞中最基本也是最常用的一种方法，使用范围较广，频率较高，适用于收款、付款和整点各种新旧大小钞票。这种点钞方法优点是持票面小，能看到票面的3/4，容易发现假钞票及残破票；缺点是点一张记一个数，比较费力。具体操作方法如下：

（1）持票。将钞票在桌面上墩齐后，用左手中指和无名指夹住钞票底端的中间部位，食指按在钞票背面左端中间，拇指按在钞票前面左端中间。

（2）清点。将右手拇指、中指和食指三个指头蘸水以做好点钞准备，用右手拇指和食指夹起钞票的右上角，并用拇指突出部位用力往右捻动，食指配合，使钞票的右上角错开，形成微扇面形，这样既便于翻票点数，又利于清点残次票。

（3）记数。记数与清点同时进行。在点数速度快的情况下，往往由于记数迟缓而影响点钞的效率，因此记数应该采用分组记数法。把10作1记，即1、2、3、4、5、6、7、8、9、1（即10），1、2、3、4、5、6、7、8、9、2（即20），以此类推，数到1、2、3、4、5、6、7、8、9、10（即100）。采用这种记数法记数既简单又快捷，省力又好记。但记数时要默记，不要念出声，做到脑、眼、手密切配合，既准又快。

2. 单指多张点钞法。点钞时，一指同时点两张或两张以上的方法叫单指多张点钞法。它适用于收款、付款和各种券别的整点工作。运用该方法点钞时记数简单省力，效率高。但这种点钞法也有缺点，就是在一指捻几张时，因为不能看到中间几张的全部票面，所以假钞和残破票不易被发现。这种点钞法除了记数和清点外，其他均与单指单张点钞法相同。

（1）持票。左手持票将钞票在桌面上墩齐后，采用左手持票的方法，详见手持式单张点钞法。

（2）清点。右手拇指用力从钞票的右上角捻动钞票，使钞票露出两张，食指和中指这时配合拇指捻动，将捻起的两张钞票用无名指勾起弹向怀里，即完成一次动作，反复重复以上动作直至点完为止。

（3）记数。记数时以两张为一组，从1数到50就是100张。

3. 多指多张点钞法。多指多张点钞法是指点钞时用小指、无名指、中指、食指依次捻下一张钞票，一次清点四张钞票的方法，也叫四指四张点钞法。这种点钞法适用于收款、付款和整点工作，这种点钞方法不仅省力、省脑，而且效率高，能够逐张识别假钞票和挑剔残破钞票。

（1）持票。用左手持钞，中指在前，食指、无名指、小指在后，将钞票夹紧，四指同时弯曲将钞票轻压成瓦形，拇指在钞票的右上角外面，将钞票推成小扇面，然后手腕向里转，使钞票的右里角抬起，右手五指准备清点。

（2）清点。右手腕抬起，拇指贴在钞票的右里角，其余四指同时弯曲并拢，从小指开始每指捻动一张钞票，依次下滑四个手指，配合每一次下滑动作捻一下四张钞票，循环操作，直至点完 100 张。

（3）记数。采用分组记数法，每次点四张为一组，记满 25 组为 100 张。

4. 扇面式点钞法。把钞票捻成扇面状进行清点的方法叫扇面式点钞法。这种点钞方法速度快，是手工点钞中效率最高的一种。但它只适合清点新票币，不适于清点新、旧、破混合钞票。

（1）持钞。钞票竖拿，左手拇指在票前下部中间票面约 1/4 处。食指、中指在票后同拇指一起捏住钞票，无名指和小指拳向手心。右手拇指在左手拇指的上端，用虎口从右侧卡住钞票成瓦形，食指、中指、无名指、小指均横在钞票背面，做开扇准备。

（2）开扇。开扇是扇面点钞的一个重要环节，扇面要开得均匀，为点数打好基础，做好准备。其方法是：

以左手为轴，右手食指将钞票向胸前左下方压弯，然后再猛向右方闪动，同时右手拇指在票前向左上方推动钞票，食指、中指在票后面用力向右捻动，左手指在钞票原位置向逆时针方向画弧捻动，食指、中指在票后面用力向左上方捻动，右手手指逐步向下移动，至右下角时即可将钞票推成扇面形。如有不均匀地方，可双手持钞抖动，使其均匀。打扇面时，左右两手一定要配合协调，不要将钞票捏得过紧，如果点钞时采取一按 10 张的方法，扇面要开小些，便于点清。

（3）点数。左手持扇面，右手中指、无名指、小指托住钞票背面，拇指在钞票右上角1 厘米处，一次按下 5 张或 10 张；按下后用食指压住，拇指继续向前按第二次，以此类推，同时左手应随右手点数速度向内转动扇面，以迎合右手按动，直到点完 100 张为止。

（4）记数。采用分组记数法。一次按 5 张为一组，记满 20 组为 100 张；一次按 10 张为一组，记满 10 组为 100 张。

（5）合扇。清点完毕合扇时，将左手向右倒，右手托住钞票右侧向左合拢，左右手指向中间一用力，使钞票竖立在桌面上，两手松拢轻墩，把钞票墩齐，准备扎把。

三、钞票的捆扎

由于钞票种类较多，在收款、交款工作中，应先将钞票按不同票面额分别加以整理归类。整理归类时应注意将残次票单独另放，点钞完毕后需要对所点钞票进行扎把，通常是100 张捆扎成一把，分为缠绕式和扭结式两种方法。

（一）缠绕式

临柜收款采用此种方法，需使用牛皮纸腰条。其具体操作方法如下：

1. 将点过的钞票 100 张墩齐。

2. 左手从长的方向拦腰握着钞票，使之成为瓦状（瓦状的幅度影响扎钞的松紧，在捆扎中幅度不能变）。

3. 右手握着腰条头将其从钞票的长的方向夹入钞票的中间（离一端 1/3～1/4 处），从凹面开始绕钞票两圈。

4. 在翻到钞票厚度转角处将腰条向右折叠 90°，将腰条头绕捆在钞票的腰条转两圈打结。

5. 整理钞票。

（二）扭结式

考核、比赛采用此种方法，需使用绵纸腰条。其具体操作方法如下：

1. 将点过的钞票 100 张墩齐。

2. 左手握钞，使之成为瓦状。

3. 右手将腰条从钞票凸面放置，将两腰条头绕到凹面，左手食指、拇指分别按住腰条与钞票厚度交界处。

4. 右手拇指、食指夹住其中一端腰条头，中指、无名指夹住另一端腰条头，并合在一起，右手顺时针转 180°，左手逆时针转 180°，将拇指和食指夹住的那一头从腰条与钞票之间绕过、打结。

5. 整理钞票。

四、人民币的防伪特征

（一）2015 年版第五套人民币 100 元纸币防伪特征

第五套人民币 100 元纸币已在 2015 年进行过防伪标志的更新，主要防伪特征如下：

1. 开窗安全线，位于票面正面右侧。不同的角度观察票面，安全线颜色会变成红色或绿色。透光观察时，可看到安全线中正反交替排列的镂空文字"￥100"。

2. 光彩光变数字，位于票面正面中部。不同角度观察票面，数字"100"会变为金色或绿色，一条亮光带在数字上下滚动。

3. 人像水印，位于票面正面左侧。透光观察，可见毛泽东头像，而且头像比旧版 100 元更加清晰。

4. 胶印对印图案，位于票面正面左下方和背面右下方，一共 2 个位置。透光观察，可以看到一个完整的数字"100"。

5. 横竖双号码，位于票面正面左下方和正面右侧。新版纸币增加了右侧的号码，右侧号码为蓝色。

6. 白水印，位于票面正面横号码下方。透光观察，可以看到水印面额数字"100"，而且新版的水印比旧版的水印透光性更强，看得更加清晰明了。

7. 雕刻凹印，票面正面毛泽东头像、国徽、"中国人民银行"行名、右上角数字、盲文及背面人民大会堂等均采用雕刻凹印印刷，会有明显的凹凸感。旧版纸币是毛泽东头像的头发和衣领的凹凸感比较明显，新版在更多地方增加了凹凸感，防伪性提升。

（二）2019 年版第五套人民币 50 元纸币防伪特征

1. 光彩光变面额数字位于票面正面中部。改变钞票观察角度，面额数字"50"的颜色在绿色和蓝色之间变化，并可见一条亮光带上下滚动。

2. 人像水印，位于票面正面左侧。透光观察，可见毛泽东头像水印。

3. 白水印，位于票面正面左侧下方。透光观察，可见面额数字"50"。

4. 胶印对印图案。票面正面左下角和背面右下角均有面额数字"50"的局部图案。透光观察，正背面图案组成一个完整的面额数字"50"。

5. 雕刻凹印。票面正面毛泽东头像、国徽、"中国人民银行"行名、装饰团花、右上角面额数字、盲文面额标记及背面主景等均采用雕刻凹版印刷，触摸有凹凸感。

6. 动感光变镂空开窗安全线，位于票面正面右侧。改变钞票观察角度，安全线颜色在红色和绿色之间变化，亮光带上下滚动。透光观察可见"￥50"。

（三）2019 年版第五套人民币 20 元纸币防伪特征

1. 光彩光变面额数字位于票面正面中部。改变钞票观察角度，面额数字"20"的颜色在金色和绿色之间变化，并可见一条亮光带上下滚动。

2. 花卉水印。位于票面正面左侧。透光观察，可见花卉图案水印。

3. 白水印，位于票面正面左侧下方。透光观察，可见面额数字"20"。

4. 胶印对印图案。票面正面左下角和背面右下角均有面额数字"20"的局部图案。透光观察，正背面图案组成一个完整的面额数字"20"。

5. 雕刻凹印。票面正面毛泽东头像、国徽、"中国人民银行"行名、装饰团花、右上角面额数字、盲文面额标记及背面主景等均采用雕刻凹版印刷，触摸有凹凸感。

6. 光变镂空开窗安全线，位于票面正面右侧。改变钞票观察角度，安全线颜色在红色和绿色之间变化。透光观察可见"￥20"。

（四）2019 年版第五套人民币 10 元纸币防伪特征

1. 光彩光变面额数字位于票面正面中部。改变钞票观察角度，面额数字"10"的颜色在绿色和蓝色之间变化，并可见一条亮光带上下滚动。

2. 花卉水印，位于票面正面左侧。透光观察，可见花卉图案水印。

3. 白水印，位于票面正面左侧下方。透光观察，可见面额数字"10"。

4. 胶印对印图案。票面正面左下角和背面右下角均有面额数字"10"的局部图案。透光观察，正背面图案组成一个完整的面额数字"10"。

5. 雕刻凹印。票面正面毛泽东头像、国徽、"中国人民银行"行名、装饰团花、右上角面额数字、盲文面额标记及背面主景等均采用雕刻凹版印刷，触摸有凹凸感。

6. 光变镂空开窗安全线，位于票面正面右侧。改变钞票观察角度，安全线颜色在红色和绿色之间变化。透光观察可见"￥10"。

（五）2019 年版第五套人民币 1 元纸币防伪特征

1. 花卉水印，位于票面正面左侧。透光观察，可见花卉图案水印。

2. 白水印，位于票面正面左侧下方。透光观察，可见面额数字"1"。

3. 雕刻凹印。票面正面毛泽东头像、国徽、"中国人民银行"行名、装饰团花、右上角面额数字、盲文面额标记等均采用雕刻凹版印刷，触摸有凹凸感。

五、人民币的识别

要识别假币，首先要对假币概念有清楚的认识。假币是指伪造、变造的货币。伪造的货币是指仿照真币的图案、形状、色彩等，采用各种手段制作的假币。变造的货币是指在真币的基础上，利用挖补、揭层、涂改、拼凑、移位、重印等多种方法制作，使其改变形态的假币。

在熟悉掌握了人民币的主要防伪特征后，简便易行的识别假币方法就是眼看、手摸、耳听和仪器检测。

（1）真币对照法。这是指将可疑币与真币进行对照，仔细观察两币之间在纸张、图案、油墨、水印、安全线等方面的差异的方法。真币的图案颜色协调，人像层次丰富，富有立体感，人物形象表情传神，色彩柔和亮丽；安全线牢固地与纸张黏合在一起，并有特殊的防伪标记；对印图案完整、准确，各种线条精细均匀，直线、斜线、波纹线明晰、光洁。真币印制精细，假币必然与真币有不同或有粗制滥造之处。

（2）手感触摸法。现行流通的纸币，元以上的采用了凹印技术，可依靠手指反复触摸钞票的感觉来分辨人民币的真伪。人民币是采用特种原料，由专用制造设备制造的印钞专用纸张印制的，纸质坚挺有韧性，且币面主要图景、国徽、盲文及"中国人民银行"的字样有明显的凹凸感。假币则纸质松软、平滑无弹性。

（3）水印观察法。真币水印是在造纸过程中做在纸张中的，对光透视，真币水印层次丰富，立体感强，层次分明，灰度清晰，具有浮雕立体效果。假币水印则是用印模盖上去的，或采用其他方法制作的，假币一般平放即能看出水印，且水印无立体感，图像失真。

（4）工具检测法。工具检测法就是借助一些简单工具或专用鉴别仪器进行钞票真伪识别的方法。例如，可以借助放大镜来观察票面线条的清晰度，胶、凹印缩微文字等；可以将纸币置于紫外光灯下，观察有色和无色荧光油墨印刷图案，若纸张中有不规则分布的黄、蓝两色荧光纤维，票面颜色无刺眼现象，则为真币，假币则出现刺眼的蓝白光，但用这种方法检测也有弊端，有时个别真币由于接触过肥皂粉或其他化学物品，也会有荧光反应；可以用磁性检测仪器检测黑色横号码的磁性，真币在检测时检测仪会叫或灯亮，假币则无这种反应。

此外，人民币的纸张是用特种材料制造的印钞专用纸，纸质结实挺括，有韧性。比较新的钞票用手抖动会发出清脆声响。假币纸张发软，声音发闷，不耐揉折。

需要提醒的是，在人民币真伪鉴别过程中，不能仅凭一点或几点可疑就草率判别真伪，还应考虑到钞票在流通过程中受到诸多因素影响，需进行综合分析后再确认。

六、假币处理方法

《中华人民共和国人民币管理条例》规定，公安机关和中国人民银行有权没收假币。办理人民币存取款业务的金融机构可以收缴假币，其他任何单位和个人，均无权没收和收缴假币。那么，个人发现假币应如何处理呢？

（1）在买卖中不小心收到假币，不要把假币再付给别人，应主动上交人民银行或办理存取款业务的金融机构。

（2）银行储蓄员收缴了持币人存款中的假人民币，持币人应主动配合，若对被收缴的货币真假有异议，可在收缴凭证上签字后，向人民银行或人民银行授权的鉴定机构申请鉴定。

（3）发现他人持有 20 张（含 20 张）以上假币，应当立即报告公安机关。

（4）商场售货员发现假币可以报警，但不能直接没收假币。

（5）持币人对被收缴货币的真伪有异议的，可以自收缴之日起 3 个工作日内，向中国人民银行当地分支机构或中国人民银行授权的当地鉴定机构提出书面鉴定申请。

（6）持币人对假币收缴的程序有异议的，可以在 60 个工作日内向中国人民银行当地分支机构申请行政复议或依法提起行政诉讼。

（7）根据《中华人民共和国人民币管理条例》规定，中国人民银行以及由中国人民银行授权的国有独资商业银行的业务机构应当无偿提供货币真伪的鉴定服务。

实验要求

1. 练习点钞技术。
2. 识别真假人民币。

附录一 企业会计准则——基本准则

第一章 总 则

第一条 为了规范企业会计确认、计量和报告行为,保证会计信息质量,根据《中华人民共和国会计法》和其他有关法律、行政法规,制定本准则。

第二条 本准则适用于在中华人民共和国境内设立的企业(包括公司,下同)。

第三条 企业会计准则包括基本准则和具体准则,具体准则的制定应当遵循本准则。

第四条 企业应当编制财务会计报告(又称财务报告,下同)。财务会计报告的目标是向财务会计报告使用者提供与企业财务状况、经营成果和现金流量等有关的会计信息,反映企业管理层受托责任履行情况,有助于财务会计报告使用者作出经济决策。

财务会计报告使用者包括投资者、债权人、政府及其有关部门和社会公众等。

第五条 企业应当对其本身发生的交易或者事项进行会计确认、计量和报告。

第六条 企业会计确认、计量和报告应当以持续经营为前提。

第七条 企业应当划分会计期间,分期结算账目和编制财务会计报告。

会计期间分为年度和中期。中期是指短于一个完整的会计年度的报告期间。

第八条 企业会计应当以货币计量。

第九条 企业应当以权责发生制为基础进行会计确认、计量和报告。

第十条 企业应当按照交易或者事项的经济特征确定会计要素。会计要素包括资产、负债、所有者权益、收入、费用和利润。

第十一条 企业应当采用借贷记账法记账。

第二章 会计信息质量要求

第十二条 企业应当以实际发生的交易或者事项为依据进行会计确认、计量和报告,如实反映符合确认和计量要求的各项会计要素及其他相关信息,保证会计信息真实可靠,内容完整。

第十三条 企业提供的会计信息应当与财务会计报告使用者的经济决策需要相关,有助于财务会计报告使用者对企业过去、现在或者未来的情况作出评价或者预测。

第十四条 企业提供的会计信息应当清晰明了,便于财务会计报告使用者理解和使用。

第十五条 企业提供的会计信息应当具有可比性。

同一企业不同时期发生的相同或者相似的交易或者事项,应当采用一致的会计政策,不得随意变更。确需变更的,应当在附注中说明。

不同企业发生的相同或者相似的交易或者事项，应当采用规定的会计政策，确保会计信息口径一致、相互可比。

第十六条 企业应当按照交易或者事项的经济实质进行会计确认、计量和报告，不应仅以交易或者事项的法律形式为依据。

第十七条 企业提供的会计信息应当反映与企业财务状况、经营成果和现金流量等有关的所有重要交易或者事项。

第十八条 企业对交易或者事项进行会计确认、计量和报告应当保持应有的谨慎，不应高估资产或者收益、低估负债或者费用。

第十九条 企业对于已经发生的交易或者事项，应当及时进行会计确认、计量和报告，不得提前或者延后。

第三章 资 产

第二十条 资产是指企业过去的交易或者事项形成的、企业拥有或者控制的、预期会给企业带来经济利益的资源。

前款所指的企业过去的交易或者事项，包括购买、生产、建造行为或其他交易或者事项。预期在未来发生的交易或者事项不形成资产。

由企业拥有或者控制，是指企业享有某项资源的所有权，或者虽不享有某项资源的所有权，但该资源能被企业所控制。

预期会给企业带来经济利益，是指直接或者间接导致现金和现金等价物流入企业的潜力。

第二十一条 符合本准则第二十条规定的资产定义的资源，在同时满足以下条件时，确认为资产：

（一）与该资源有关的经济利益很可能流入企业；

（二）该资源的成本或者价值能够可靠地计量。

第二十二条 符合资产定义和资产确认条件的项目，应当列入资产负债表；符合资产定义，但不符合资产确认条件的项目，不应当列入资产负债表。

第四章 负 债

第二十三条 负债是指企业过去的交易或者事项形成的、预期会导致经济利益流出企业的现时义务。

现时义务是指企业在现行条件下已承担的义务。未来发生的交易或者事项形成的义务，不属于现时义务，不应当确认为负债。

第二十四条 符合本准则第二十三条规定的负债定义的义务，在同时满足以下条件时，确认为负债：

（一）与该义务有关的经济利益很可能流出企业；

（二）未来流出的经济利益的金额能够可靠地计量。

第二十五条 符合负债定义和负债确认条件的项目，应当列入资产负债表；符合负债定义，但不符合负债确认条件的项目，不应当列入资产负债表。

第五章 所有者权益

第二十六条 所有者权益是指企业资产扣除负债后由所有者享有的剩余权益。

公司的所有者权益又称为股东权益。

第二十七条 所有者权益的来源包括所有者投入的资本、直接计入所有者权益的利得和损失、留存收益等。

直接计入所有者权益的利得和损失，是指不应计入当期损益、会导致所有者权益发生增减变动的、与所有者投入资本或者向所有者分配利润无关的利得或者损失。

利得是指由企业非日常活动所形成的、会导致所有者权益增加的、与所有者投入资本无关的经济利益的流入。

损失是指由企业非日常活动所发生的、会导致所有者权益减少的、与向所有者分配利润无关的经济利益的流出。

第二十八条 所有者权益金额取决于资产和负债的计量。

第二十九条 所有者权益项目应当列入资产负债表。

第六章 收 入

第三十条 收入是指企业在日常活动中形成的、会导致所有者权益增加的，与所有者投入资本无关的经济利益的总流入。

第三十一条 收入只有在经济利益很可能流入从而导致企业资产增加或者负债减少且经济利益的流入额能够可靠计量时才能予以确认。

第三十二条 符合收入定义和收入确认条件的项目，应当列入利润表。

第七章 费 用

第三十三条 费用是指企业在日常活动中发生的、会导致所有者权益减少的、与向所有者分配利润无关的经济利益的总流出。

第三十四条 费用只有在经济利益很可能流出从而导致企业资产减少或者负债增加且经济利益的流出额能够可靠计量时才能予以确认。

第三十五条 企业为生产产品、提供劳务等发生的可归属于产品成本、劳务成本等的费用，应当在确认产品销售收入、劳务收入等时，将已销售产品、已提供劳务的成本等计入当期损益。

企业发生的支出不产生经济利益的，或者即使能够产生经济利益但不符合或者不再符合资产确认条件的，应当在发生时确认为费用，计入当期损益。

企业发生的交易或者事项导致其承担了一项负债而又不确认为一项资产的，应当在发生时确认为费用，计入当期损益。

第三十六条 符合费用定义和费用确认条件的项目，应当列入利润表。

第八章 利　润

第三十七条　利润是指企业在一定会计期间的经营成果，利润包括收入减去费用后的净额、直接计入当期利润的利得和损失等。

第三十八条　直接计入当期利润的利得和损失，是指应当计入当期损益、会导致所有者权益发生增减变动的、与所有者投入资本或者向所有者分配利润无关的利得或者损失。

第三十九条　利润金额取决于收入和费用、直接计入当期利润的利得和损失金额的计量。

第四十条　利润项目应当列入利润表。

第九章　会计计量

第四十一条　企业在将符合确认条件的会计要素登记入账并列报于会计报表及其附注（又称财务报表，下同）时，应当按照规定的会计计量属性进行计量，确定其金额。

第四十二条　会计计量属性主要包括：

（一）历史成本。在历史成本计量下，资产按照购入时支付的现金或者现金等价物的金额，或者按照购入资产时所付出的对价的公允价值计量。负债按照因承担现时义务而实际收到的款项或者资产的金额，或者承担现时义务的合同金额，或者按照日常活动中为偿还负债预期需要支付的现金或者现金等价物的金额计量。

（二）重置成本。在重置成本计量下，资产按照现在购买相同或者相似资产所需支付的现金或者现金等价物的金额计量。负债按照现在偿付该项债务所需支付的现金或者现金等价物的金额计量。

（三）可变现净值。在可变现净值计量下，资产按照其正常对外销售所能收到现金或者现金等价物的金额扣减该资产至完工时估计将要发生的成本、估计的销售费用以及相关税费后的金额计量。

（四）现值。在现值计量下，资产按照预计从其持续使用和最终处置中所产生的未来净现金流入量的折现金额计量。负债按照预计期限内需要偿还的未来净现金流出量的折现金额计量。

（五）公允价值。在公允价值计量下，资产和负债按照在公平交易中，熟悉情况的交易双方自愿进行资产交换或者债务清偿的金额计量。

第四十三条　企业在对会计要素进行计量时，一般应当采用历史成本，采用重置成本、可变现净值、现值、公允价值计量的，应当保证所确定的会计要素金额能够取得并可靠计量。

第十章　财务会计报告

第四十四条　财务会计报告是指企业对外提供的反映企业某一特定日期的财务状况和某一会计期间的经营成果、现金流量等会计信息的文件。

财务会计报告包括会计报表及其附注和其他应当在财务会计报告中披露的相关信息和

资料。会计报表至少应当包括资产负债表、利润表、现金流量表等报表。

小企业编制的会计报表可以不包括现金流量表。

第四十五条 资产负债表是指反映企业在某一特定日期的财务状况的会计报表。

第四十六条 利润表是指反映企业在一定会计期间的经营成果的会计报表。

第四十七条 现金流量表是指反映企业在一定会计期间的现金和现金等价物流入和流出的会计报表。

第四十八条 附注是指对在会计报表中列示项目所作的进一步说明,以及对未能在这些报表中列示项目的说明等。

第十一章 附 则

第四十九条 本准则由财政部负责解释。

第五十条 本准则自 2007 年 1 月 1 起施行。

# 附录二 会计基础工作规范（2019年修订）

（1996年6月17日财会字〔1996〕19号公布，根据2019年3月14日《财政部关于修改<代理记账管理办法>等2部部门规章的决定》修改）

第一章 总 则

第一条 为了加强会计基础工作，建立规范的会计工作秩序，提高会计工作水平，根据《中华人民共和国会计法》的有关规定，制定本规范。

第二条 国家机关、社会团体、企业、事业单位、个体工商户和其他组织的会计基础工作，应当符合本规范的规定。

第三条 各单位应当依据有关法律、法规和本规范的规定，加强会计基础工作，严格执行会计法规制度，保证会计工作依法有序地进行。

第四条 单位领导人对本单位的会计基础工作负有领导责任。

第五条 各省、自治区、直辖市财政厅（局）要加强对会计基础工作的管理和指导，通过采取政策引导、经验交流、监督检查等措施，促进基层单位加强会计基础工作，不断提高会计工作水平。

国务院各业务主管部门根据职责权限管理本部门的会计基础工作。

第二章 会计机构和会计人员

第一节 会计机构设置和会计人员配备

第六条 各单位应当根据会计业务的需要设置会计机构；不具备单独设置会计机构条件的，应当在有关机构中配备专职会计人员。事业行政单位会计机构的设置和会计人员的配备，应当符合国家统一事业行政单位会计制度的规定。设置会计机构，应当配备会计机构负责人；在有关机构中配备专职会计人员，应当在专职会计人员中指定会计主管人员。会计机构负责人、会计主管人员的任免，应当符合《中华人民共和国会计法》和有关法律的规定。

第七条 会计机构负责人、会计主管人员应当具备下列基本条件：（一）坚持原则，廉洁奉公；（二）具备会计师以上专业技术职务资格或者从事会计工作不少于三年；（三）熟悉国家财经法律、法规、规章和方针、政策，掌握本行业业务管理的有关知识；（四）有较强的组织能力；（五）身体状况能够适应本职工作的要求。

第八条 没有设置会计机构或者配备会计人员的单位，应当根据《代理记账管理办法》的规定，委托会计师事务所或者持有代理记账许可证书的代理记账机构进行代理记账。

第九条 大、中型企业、事业单位、业务主管部门应当根据法律和国家有关规定设置总会计师。总会计师由具有会计师以上专业技术资格的人员担任。总会计师行使《总会计师条例》规定的职责、权限。总会计师的任命（聘任）、免职（解聘）依照《总会计师条例》和有关法律的规定办理。

第十条 各单位应当根据会计业务需要配备会计人员，督促其遵守职业道德和国家统一的会计制度。

第十一条 各单位应当根据会计业务需要设置会计工作岗位。会计工作岗位一般可分为：会计机构负责人或者会计主管人员，出纳，财产物资核算，工资核算，成本费用核算，财务成果核算，资金核算，往来结算，总账报表，稽核，档案管理等。开展会计电算化和管理会计的单位，可以根据需要设置相应工作岗位，也可以与其他工作岗位相结合。

第十二条 会计工作岗位，可以一人一岗、一人多岗或者一岗多人。但出纳人员不得兼管稽核、会计档案保管和收入、费用、债权债务账目的登记工作。

第十三条 会计人员的工作岗位应当有计划地进行轮换。

第十四条 会计人员应当具备必要的专业知识和专业技能，熟悉国家有关法律、法规、规章和国家统一会计制度，遵守职业道德。会计人员应当按照国家有关规定参加会计业务的培训。各单位应当合理安排会计人员的培训，保证会计人员每年有一定时间用于学习和参加培训。

第十五条 各单位领导人应当支持会计机构、会计人员依法行使职权；对忠于职守，坚持原则，做出显著成绩的会计机构、会计人员，应当给予精神的和物质的奖励。

第十六条 国家机关、国有企业、事业单位任用会计人员应当实行回避制度。单位领导人的直系亲属不得担任本单位的会计机构负责人、会计主管人员。会计机构负责人、会计主管人员的直系亲属不得在本单位会计机构中担任出纳工作。需要回避的直系亲属为：夫妻关系、直系血亲关系、三代以内旁系血亲以及配偶亲关系。

第二节 会计人员职业道德

第十七条 会计人员在会计工作中应当遵守职业道德，树立良好的职业品质、严谨的工作作风，严守工作纪律，努力提高工作效率和工作质量。

第十八条 会计人员应当热爱本职工作，努力钻研业务，使自己的知识和技能适应所从事工作的要求。

第十九条 会计人员应当熟悉财经法律、法规、规章和国家统一会计制度，并结合会计工作进行广泛宣传。

第二十条 会计人员应当按照会计法律、法规和国家统一会计制度规定的程序和要求进行会计工作，保证所提供的会计信息合法、真实、准确、及时、完整。

第二十一条 会计人员办理会计事务应当实事求是、客观公正。

第二十二条 会计人员应当熟悉本单位的生产经营和业务管理情况，运用掌握的会计信息和会计方法，为改善单位内部管理、提高经济效益服务。

第二十三条 会计人员应当保守本单位的商业秘密。除法律规定和单位领导人同意外，不能私自向外界提供或者泄露单位的会计信息。

第二十四条 财政部门、业务主管部门和各单位应当定期检查会计人员遵守职业道德的情况，并作为会计人员晋升、晋级、聘任专业职务、表彰奖励的重要考核依据。会计人员违反职业道德的，由所在单位进行处理。

第三节 会计工作交接

第二十五条 会计人员工作调动或者因故离职，必须将本人所经管的会计工作全部移交给接替人员。没有办清交接手续的，不得调动或者离职。

第二十六条 接替人员应当认真接管移交工作，并继续办理移交的未了事项。

第二十七条 会计人员办理移交手续前，必须及时做好以下工作：（一）已经受理的经济业务尚未填制会计凭证的，应当填制完毕。（二）尚未登记的账目，应当登记完毕，并在最后一笔余额后加盖经办人员印章。（三）整理应该移交的各项资料，对未了事项写出书面材料。（四）编制移交清册，列明应当移交的会计凭证、会计账簿、会计报表、印章、现金、有价证券、支票簿、发票、文件、其他会计资料和物品等内容；实行会计电算化的单位，从事该项工作的移交人员还应当在移交清册中列明会计软件及密码、会计软件数据磁盘（磁带等）及有关资料、实物等内容。

第二十八条 会计人员办理交接手续，必须有监交人负责监交。一般会计人员交接，由单位会计机构负责人、会计主管人员负责监交；会计机构负责人、会计主管人员交接，由单位领导人负责监交，必要时可由上级主管部门派人会同监交。

第二十九条 移交人员在办理移交时，要按移交清册逐项移交；接替人员要逐项核对点收。（一）现金、有价证券要根据会计账簿有关记录进行点交。库存现金、有价证券必须与会计账簿记录保持一致。不一致时，移交人员必须限期查清。（二）会计凭证、会计账簿、会计报表和其他会计资料必须完整无缺。如有短缺，必须查清原因，并在移交清册中注明，由移交人员负责。（三）银行存款账户余额要与银行对账单核对，如不一致，应当编制银行存款余额调节表调节相符，各种财产物资和债权债务的明细账户余额要与总账有关账户余额核对相符；必要时，要抽查个别账户的余额，与实物核对相符，或者与往来单位、个人核对清楚。（四）移交人员经管的票据、印章和其他实物等，必须交接清楚；移交人员从事会计电算化工作的，要对有关电子数据在实际操作状态下进行交接。

第三十条 会计机构负责人、会计主管人员移交时，还必须将全部财务会计工作、重大财务收支和会计人员的情况等，向接替人员详细介绍。对需要移交的遗留问题，应当写出书面材料。

第三十一条 交接完毕后，交接双方和监交人员要在移交注册上签名或者盖章。并应在移交注册上注明：单位名称，交接日期，交接双方和监交人员的职务、姓名，移交清册页数以及需要说明的问题和意见等。

移交清册一般应当填制一式三份，交接双方各执一份，存档一份。

第三十二条 接替人员应当继续使用移交的会计账簿，不得自行另立新账，以保持会计记录的连续性。

第三十三条 会计人员临时离职或者因病不能工作且需要接替或者代理的，会计机构负责人、会计主管人员或者单位领导人必须指定有关人员接替或者代理，并办理交接手续。临时离职或者因病不能工作的会计人员恢复工作的，应当与接替或者代理人员办理交接手续。移交人员因病或者其他特殊原因不能亲自办理移交的，经单位领导人批准，可由移交人员委托他人代办移交，但委托人应当承担本规范第三十五条规定的责任。

第三十四条 单位撤销时，必须留有必要的会计人员，会同有关人员办理清理工作，编制决算。未移交前，不得离职。接收单位和移交日期由主管部门确定。单位合并、分立的，其会计工作交接手续比照上述有关规定办理。

第三十五条 移交人员对所移交的会计凭证、会计账簿、会计报表和其他有关资料的合法性、真实性承担法律责任。

第三章 会计核算

第一节 会计核算一般要求

第三十六条 各单位应当按照《中华人民共和国会计法》和国家统一会计制度的规定建立会计账册，进行会计核算，及时提供合法、真实、准确、完整的会计信息。

第三十七条 各单位发生的下列事项，应当及时办理会计手续、进行会计核算：（一）款项和有价证券的收付；（二）财物的收发、增减和使用；（三）债权债务的发生和结算；（四）资本、基金的增减；（五）收入、支出、费用、成本的计算；（六）财务成果的计算和处理；（七）其他需要办理会计手续、进行会计核算的事项。

第三十八条 各单位的会计核算应当以实际发生的经济业务为依据，按照规定的会计处理方法进行，保证会计指标的口径一致、相互可比和会计处理方法的前后各期相一致。

第三十九条 会计年度自公历1月1日起至12月31日止。

第四十条 会计核算以人民币为记账本位币。收支业务以外国货币为主的单位，也可以选定某种外国货币作为记账本位币，但是编制的会计报表应当折算为人民币反映。境外单位向国内有关部门编报的会计报表，应当折算为人民币反映。

第四十一条 各单位根据国家统一会计制度的要求，在不影响会计核算要求、会计报表指标汇总和对外统一会计报表的前提下，可以根据实际情况自行设置和使用会计科目。事业行政单位会计科目的设置和使用，应当符合国家统一事业行政单位会计制度的规定。

第四十二条 会计凭证、会计账簿、会计报表和其他会计资料的内容和要求必须符合国家统一会计制度的规定，不得伪造、变造会计凭证和会计账簿，不得设置账外账，不得报送虚假会计报表。

第四十三条 各单位对外报送的会计报表格式由财政部统一规定。

第四十四条 实行会计电算化的单位，对使用的会计软件及其生成的会计凭证、会计账簿、会计报表和其他会计资料的要求，应当符合财政部关于会计电算化的有关规定。

第四十五条 各单位的会计凭证、会计账簿、会计报表和其他会计资料，应当建立档案，妥善保管。会计档案建档要求、保管期限、销毁办法等依据《会计档案管理办法》的规定进行。实行会计电算化的单位，有关电子数据、会计软件资料等应当作为会计档案进行管理。

第四十六条 会计记录的文字应当使用中文，少数民族自治地区可以同时使用少数民族文字。中国境内的外商投资企业、外国企业和其他外国经济组织也可以同时使用某种外国文字。

第二节 填制会计凭证

第四十七条 各单位办理本规范第三十七条规定的事项，必须取得或者填制原始凭证，并及时送交会计机构。

第四十八条 原始凭证的基本要求是：

（一）原始凭证的内容必须具备：凭证的名称；填制凭证的日期；填制凭证单位名称或者填制人姓名；经办人员的签名或者盖章；接受凭证单位名称；经济业务内容；数量、单价和金额。

（二）从外单位取得的原始凭证，必须盖有填制单位的公章；从个人取得的原始凭证，必须有填制人员的签名或者盖章。自制原始凭证必须有经办单位领导人或者其指定的人员签名或者盖章。对外开出的原始凭证，必须加盖本单位公章。

（三）凡填有大写和小写金额的原始凭证，大写与小写金额必须相符。购买实物的原始凭证，必须有验收证明。支付款项的原始凭证，必须有收款单位和收款人的收款证明。

（四）一式几联的原始凭证，应当注明各联的用途，只能以一联作为报销凭证。一式几联的发票和收据，必须用双面复写纸（发票和收据本身具备复写纸功能的除外）套写，并连续编号。作废时应当加盖"作废"戳记，连同存根一起保存，不得撕毁。

（五）发生销货退回的，除填制退货发票外，还必须有退货验收证明；退款时，必须取得对方的收款收据或者汇款银行的凭证，不得以退货发票代替收据。

（六）职工公出借款凭据，必须附在记账凭证之后。收回借款时，应当另开收据或者退还借据副本，不得退还原借款收据。

（七）经上级有关部门批准的经济业务，应当将批准文件作为原始凭证附件。如果批准文件需要单独归档，应当在凭证上注明批准机关名称、日期和文件字号。

第四十九条 原始凭证不得涂改、挖补。发现原始凭证有错误的，应当由开出单位重开或者更正，更正处应当加盖开出单位的公章。

第五十条 会计机构、会计人员要根据审核无误的原始凭证填制记账凭证。记账凭证可以分为收款凭证、付款凭证和转账凭证，也可以使用通用记账凭证。

第五十一条 记账凭证的基本要求是：

（一）记账凭证的内容必须具备：填制凭证的日期；凭证编号；经济业务摘要；会计科目；金额；所附原始凭证张数；填制凭证人员、稽核人员、记账人员、会计机构负责人、会计主管人员签名或者盖章。收款和付款记账凭证还应当由出纳人员签名或者盖章。以自制的原始凭证或者原始凭证汇总表代替记账凭证的，也必须具备记账凭证应有的项目。

（二）填制记账凭证时，应当对记账凭证进行连续编号。一笔经济业务需要填制两张以上记账凭证的，可以采用分数编号法编号。

（三）记账凭证可以根据每一张原始凭证填制，或者根据若干张同类原始凭证汇总填制，也可以根据原始凭证汇总表填制。但不得将不同内容和类别的原始凭证汇总填制在一张记账凭证上。

（四）除结账和更正错误的记账凭证可以不附原始凭证外，其他记账凭证必须附有原始凭证。如果一张原始凭证涉及几张记账凭证，可以把原始凭证附在一张主要的记账凭证后面，并在其他记账凭证上注明附有该原始凭证的记账凭证的编号或者附原始凭证复印件。一张复始凭证所列支出需要几个单位共同负担的，应当将其他单位负担的部分，开给对方原始凭证分割单，进行结算。原始凭证分割单必须具备原始凭证的基本内容：凭证名称，填制凭证日期，填制凭证单位名称或者填制人姓名，经办人的签名或者盖章，接受凭证单位名称，经济业务内容、数量、单价、金额和费用分摊情况等。

（五）如果在填制记账凭证时发生错误，应当重新填制。已经登记入账的记账凭证，在当年内发现填写错误时，可以用红字填写一张与原内容相同的记账凭证，在摘要栏注明"注销某月某日某号凭证"字样，同时再用蓝字重新填制一张正确的记账凭证，注明"订正某月某日某号凭证"字样。如果会计科目没有错误，只是金额错误，也可以将正确数字与错误数字之间的差额，另编一张调整的记账凭证，调增金额用蓝字，调减金额用红字。发现以前年度记账凭证有错误的，应当用蓝字填制一张更正的记账凭证。

（六）记账凭证填制完经济业务事项后，如有空行，应当自金额栏最后一笔金额数字下的空行处至合计数上的空行处画线注销。

第五十二条 填制会计凭证，字迹必须清晰、工整，并符合下列要求：

（一）阿拉伯数字应当一个一个地写，不得连笔写。阿拉伯金额数字前面应当书写货币币种符号或者货币名称简写和币种符号。币种符号与阿拉伯金额数字之间不得留有空白。凡阿拉伯数字前写有币种符号的，数字后面不再写货币单位。

（二）所有以元为单位（其他货币种类为货币基本单位，下同）的阿拉伯数字，除表示单价等情况外，一律填写到角分；无角分的，角位和分位可写"00"，或者符号"——"；有角无分的，分位应当写"0"，不得用符号"—"代替。

（三）汉字大写数字金额如零、壹、贰、叁、肆、伍、陆、柒、捌、玖、拾、佰、仟、万、亿等，一律用正楷或者行书体书写，不得用〇、一、二、三、四、五、六、七、八、九、十等简化字代替，不得任意自造简化字。大写金额数字到元或者角为止的，在"元"或者"角"字之后应当写"整"字或者"正"字；大写金额数字有分的，分字后面不写"整"或者"正"字。

（四）大写金额数字前未印有货币名称的，应当加填货币名称，货币名称与金额数字之间不得留有空白。

（五）阿拉伯金额数字中间有"0"时，汉字大写金额要写"零"字；阿拉伯数字金额中间连续有几个"0"时，汉字大写金额中可以只写一个"零"字；阿拉伯金额数字元位是"0"，或者数字中间连续有几个"0"且元位也是"0"但角位不是"0"时，汉字大写金额可以只写一个"零"字，也可以不写"零"字。

第五十三条 实行会计电算化的单位，对于机制记账凭证，要认真审核，做到会计科目使用正确，数字准确无误。打印出的机制记账凭证要加盖制单人员、审核人员、记账人员及会计机构负责人、会计主管人员印章或者签字。

第五十四条 各单位会计凭证的传递程序应当科学、合理，具体办法由各单位根据会计业务需要自行规定。

第五十五条 会计机构、会计人员要妥善保管会计凭证。

（一）会计凭证应当及时传递，不得积压。

（二）会计凭证登记完毕后，应当按照分类和编号顺序保管，不得散乱丢失。

（三）记账凭证应当连同所附的原始凭证或者原始凭证汇总表，按照编号顺序，折叠整齐，按期装订成册，并加具封面，注明单位名称、年度、月份和起讫日期、凭证种类、起讫号码，由装订人在装订线封签外签名或者盖章。对于数量过多的原始凭证，可以单独装订保管，在封面上注明记账凭证日期、编号、种类，同时在记账凭证上注明"附件另订"和原始凭证名称及编号。各种经济合同、存出保证金收据以及涉外文件等重要原始凭证，应当另编目录，单独登记保管，并在有关的记账凭证和原始凭证上相互注明日期和编号。

（四）原始凭证不得外借，其他单位如因特殊原因需要使用原始凭证时，经本单位会计机构负责人、会计主管人员批准，可以复制。向外单位提供的原始凭证复制件，应当在专设的登记簿上登记，并由提供人员和收取人员共同签名或者盖章。

（五）从外单位取得的原始凭证如有遗失，应当取得原开出单位盖有公章的证明，并注明原来凭证的号码、金额和内容等，由经办单位会计机构负责人、会计主管人员和单位领导人批准后，才能代作原始凭证。如果确实无法取得证明，如火车、轮船、飞机票等凭证，由当事人写出详细情况，由经办单位会计机构负责人、会计主管人员和单位领导人批准后，代作原始凭证。

第三节 登记会计账簿

第五十六条 各单位应当按照国家统一会计制度的规定和会计业务的需要设置会计账簿。会计账簿包括总账、明细账、日记账和其他辅助性账簿。

第五十七条 现金日记账和银行存款日记账必须采用订本式账簿。不得用银行对账单或者其他方法代替日记账。

第五十八条 实行会计电算化的单位，用计算机打印的会计账簿必须连续编号，经审核无误后装订成册，并由记账人员和会计机构负责人、会计主管人员签字或者盖章。

第五十九条 启用会计账簿时，应当在账簿封面上写明单位名称和账簿名称。在账簿扉页上应当附启用表，内容包括：启用日期、账簿页数、记账人员和会计机构负责人、会计主管人员姓名，并加盖名章和单位公章。记账人员或者会计机构负责人、会计主管人员调动工作时，应当注明交接日期、接办人员或者监交人员姓名，并由交接双方人员签名或者盖章。启用订本式账簿，应当从第一页到最后一页顺序编定页数，不得跳页、缺号。使用活页式账页，应当按账户顺序编号，并须定期装订成册。装订后再按实际使用的账页顺序编定页码。另加目录，记明每个账户的名称和页次。

第六十条 会计人员应当根据审核无误的会计凭证登记会计账簿。登记账簿的基本要求是：

（一）登记会计账簿时，应当将会计凭证日期、编号、业务内容摘要、金额和其他有关资料逐项记入账内，做到数字准确、摘要清楚、登记及时、字迹工整。

（二）登记完毕后，要在记账凭证上签名或者盖章，并注明已经登账的符号，表示已经记账。

（三）账簿中书写的文字和数字上面要留有适当空格，不要写满格；一般应占格距的二分之一。

（四）登记账簿要用蓝黑墨水或者碳素墨水书写，不得使用圆珠笔（银行的复写账簿除外）或者铅笔书写。

（五）下列情况，可以用红色墨水记账：

1. 按照红字冲账的记账凭证，冲销错误记录；
2. 在不设借贷等栏的多栏式账页中，登记减少数；
3. 在三栏式账户的余额栏前，如未印明余额方向，则在余额栏内登记负数余额；
4. 根据国家统一会计制度的规定可以用红字登记的其他会计记录。

（六）各种账簿按页次顺序连续登记，不得跳行、隔页。如果发生跳行、隔页，应当将空行、空页画线注销，或者注明"此行空白""此页空白"字样，并由记账人员签名或者盖章。

（七）凡需要结出余额的账户，结出余额后，应当在"借或贷"等栏内写明"借"或者"贷"等字样。没有余额的账户，应当在"借或贷"等栏内写"平"字，并在余额栏内用"Q"表示。现金日记账和银行存款日记账必须逐日结出余额。

（八）每一账页登记完毕结转下页时，应当结出本页合计数及余额，写在本页最后一行和下页第一行有关栏内，并在摘要栏内注明"过次页"和"承前页"字样；也可以将本页合计数及金额只写在下页第一行有关栏内，并在摘要栏内注明"承前页"字样。对需要结计本月发生额的账户，结计"过次页"的本页合计数应当为自本月初起至本页末止的发生额合计数；对需要结计本年累计发生额的账户，结计"过次页"的本页合计数应当为自年初起至本页末止的累计数；对既不需要结计本月发生额也不需要结计本年累计发生额的账户，可以只将每页末的余额结转次页。

第六十一条 账簿记录发生错误，不准涂改、挖补、刮擦或者用药水消除字迹，不准重新抄写，必须按照下列方法进行更正：

（一）登记账簿时发生错误，应当将错误的文字或者数字划红线注销，但必须使原有字迹仍可辨认；然后在划线上方填写正确的文字或者数字，并由记账人员在更正处盖章。对于错误的数字，应当全部划红线更正，不得只更正其中的错误数字。对于文字错误，可只画去错误的部分。

（二）由于记账凭证错误而使账簿记录发生错误，应当按更正的记账凭证登记账簿。

第六十二条 各单位应当定期对会计账簿记录的有关数字与库存实物、货币资金、有价证券、往来单位或者个人等进行相互核对，保证账证相符、账账相符、账实相符。对账工作每年至少进行一次。

（一）账证核对。核对会计账簿记录与原始凭证、记账凭证的时间、凭证字号、内容、金额是否一致，记账方向是否相符。

（二）账账核对。核对不同会计账簿之间的账簿记录是否相符，包括：总账有关账户的余额核对，总账与明细账核对，总账与日记账核对，会计部门的财产物资明细账与财产物资保管和使用部门的有关明细账核对等。

（三）账实核对。核对会计账簿记录与财产等实有数额是否相符。包括：现金日记账账面余额与现金实际库存数核对；银行存款日记账账面余额定期与银行对账单核对；各种财物明细账账面余额与财物实存数额核对；各种应收、应付款明细账账面余额与有关债务、债权单位或者个人核对等。

第六十三条 各单位应当按照规定定期结账。

（一）结账前，必须将本期内所发生的各项经济业务全部登记入账。

（二）结账时，应当结出每个账户的期末余额。需要结出当月发生额的，应当在摘要栏内注明"本月合计"字样，并在下面通栏画单红线。需要结出本年累计发生额的，应当在摘要栏内注明"本年累计"字样，并在下面通栏画单红线；12月末的"本年累计"就是全年累计发生额。全年累计发生额下面应当通栏画双红线。年度终了结账时，所有总账账户都应当结出全年发生额和年末余额。

（三）年度终了，要把各账户的余额结转到下一会计年度，并在摘要栏注明"结转下年"字样；在下一会计年度新建有关会计账簿的第一行余额栏内填写上年结转的余额，并在摘要栏注明"上年结转"字样。

第四节 编制财务报告

第六十四条 各单位必须按照国家统一会计制度的规定，定期编制财务报告。

财务报告包括会计报表及其说明。会计报表包括会计报表主表、会计报表附表、会计报表附注。

第六十五条 各单位对外报送的财务报告应当根据国家统一会计制度规定的格式和要求编制。单位内部使用的财务报告，其格式和要求由各单位自行规定。

第六十六条 会计报表应当根据登记完整、核对无误的会计账簿记录和其他有关资料编制，做到数字真实、计算准确、内容完整、说明清楚。

任何人不得篡改或者授意、指使、强令他人篡改会计报表的有关数字。

第六十七条 会计报表之间、会计报表各项目之间，凡有对应关系的数字，应当相互一致。本期会计报表与上期会计报表之间有关的数字应当相互衔接。如果不同会计年度会计报表中各项目的内容和核算方法有变更，应当在年度会计报表中加以说明。

第六十八条 各单位应当按照国家统一会计制度的规定认真编写会计报表附注及说明，做到项目齐全，内容完整。

第六十九条 各单位应当按照国家规定的期限对外报送财务报告。对外报送的财务报告，应当依次编写页码，加具封面，装订成册，加盖公章。封面上应当注明：单位名称，单位地址，财务报告所属年度、季度、月度，送出日期，并由单位领导人、总会计师、会计机构负责人、会计主管人员签名或者盖章。单位领导人对财务报告的合法性、真实性负法律责任。

第七十条 根据法律和国家有关规定应当对财务报告进行审计的，财务报告编制单位应当先行委托注册会计师进行审计,并将注册会计师出具的审计报告随同财务报告按照规定的期限报送有关部门。

第七十一条 如果发现对外报送的财务报告有错误,应当及时办理更正手续。除更正本单位留存的财务报告外,应同时通知接受财务报告的单位更正。错误较多的,应当重新编报。

第四章 会计监督

第七十二条 各单位的会计机构、会计人员对本单位的经济活动进行会计监督。

第七十三条 会计机构、会计人员进行会计监督的依据是:

(一) 财经法律、法规、规章;

(二) 会计法律、法规和国家统一会计制度;

(三) 各省、自治区、直辖市财政厅(局)和国务院业务主管部门根据《中华人民共和国会计法》和国家统一会计制度制定的具体实施办法或者补充规定;

(四) 各单位根据《中华人民共和国会计法》和国家统一会计制度制定的单位内部会计管理制度;

(五) 各单位内部的预算、财务计划、经济计划、业务计划等。

第七十四条 会计机构、会计人员应当对原始凭证进行审核和监督。对不真实、不合法的原始凭证,不予受理。对弄虚作假、严重违法的原始凭证,在不予受理的同时,应当予以扣留,并及时向单位领导人报告,请求查明原因,追究当事人的责任。对记载不准确、不完整的原始凭证,予以退回,要求经办人员更正、补充。

第七十五条 会计机构、会计人员对伪造、变造、故意毁灭会计账簿或者账外设账行为,应当制止和纠正;制止和纠正无效的,应当向上级主管单位报告,请求做出处理。

第七十六条 会计机构、会计人员应当对实物、款项进行监督,督促建立并严格执行财产清查制度。发现账簿记录与实物、款项不符时,应当按照国家有关规定进行处理。超出会计机构、会计人员职权范围的,应当立即向本单位领导报告,请求查明原因,做出处理。

第七十七条 会计机构、会计人员对指使、强令编造、篡改财务报告行为,应当制止和纠正;制止和纠正无效的,应当向上级主管单位报告,请求处理。

第七十八条 会计机构、会计人员应当对财务收支进行监督。

(一) 对审批手续不全的财务收支,应当退回,要求补充、更正。

(二) 对违反规定不纳入单位统一会计核算的财务收支,应当制止和纠正。

(三) 对违反国家统一的财政、财务、会计制度规定的财务收支,不予办理。

(四) 对认为是违反国家统一的财政、财务、会计制度规定的财务收支,应当制止和纠正;制止和纠正无效的,应当向单位领导人提出书面意见请求处理。单位领导人应当在接到书面意见起十日内做出书面决定,并对决定承担责任。

(五) 对违反国家统一的财政、财务、会计制度规定的财务收支,不予制止和纠正,又不向单位领导人提出书面意见的,也应当承担责任。

（六）对严重违反国家利益和社会公众利益的财务收支，应当向主管单位或者财政、审计、税务机关报告。

第七十九条 会计机构、会计人员对违反单位内部会计管理制度的经济活动，应当制止和纠正；制止和纠正无效的，向单位领导人报告，请求处理。

第八十条 会计机构、会计人员应当对单位制定的预算、财务计划、经济计划、业务计划的执行情况进行监督。

第八十一条 各单位必须依照法律和国家有关规定接受财政、审计、税务等机关的监督，如实提供会计凭证、会计账簿、会计报表和其他会计资料以及有关情况，不得拒绝、隐匿、谎报。

第八十二条 按照法律规定应当委托注册会计师进行审计的单位，应当委托注册会计师进行审计，并配合注册会计师的工作，如实提供会计凭证、会计账簿、会计报表和其他会计资料以及有关情况，不得拒绝、隐匿、谎报，不得示意注册会计师出具不当的审计报告。

第五章　内部会计管理制度

第八十三条 各单位应当根据《中华人民共和国会计法》和国家统一会计制度的规定，结合单位类型和内容管理的需要，建立健全相应的内部会计管理制度。

第八十四条 各单位制定内部会计管理制度应当遵循下列原则：

（一）应当执行法律、法规和国家统一的财务会计制度。

（二）应当体现本单位的生产经营、业务管理的特点和要求。

（三）应当全面规范本单位的各项会计工作，建立健全会计基础，保证会计工作的有序进行。

（四）应当科学、合理，便于操作和执行。

（五）应当定期检查执行情况。

（六）应当根据管理需要和执行中的问题不断完善。

第八十五条 各单位应当建立内部会计管理体系。主要内容包括：单位领导人、总会计师对会计工作的领导职责；会计部门及其会计机构负责人、会计主管人员的职责、权限；会计部门与其他职能部门的关系；会计核算的组织形式等。

第八十六条 各单位应当建立会计人员岗位责任制度。主要内容包括：会计人员的工作岗位设置；各会计工作岗位的职责和标准；各会计工作岗位的人员和具体分工；会计工作岗位轮换办法；对各会计工作岗位的考核办法。

第八十七条 各单位应当建立账务处理程序制度。主要内容包括：会计科目及其明细科目的设置和使用；会计凭证的格式、审核要求和传递程序；会计核算方法；会计账簿的设置；编制会计报表的种类和要求；单位会计指标体系。

第八十八条 各单位应当建立内部牵制制度。主要内容包括：内部牵制制度的原则；组织分工；出纳岗位的职责和限制条件；有关岗位的职责和权限。

第八十九条 各单位应当建立稽核制度。主要内容包括：稽核工作的组织形式和具体分工；稽核工作的职责、权限；审核会计凭证和复核会计账簿、会计报表的方法。

第九十条 各单位应当建立原始记录管理制度。主要内容包括：原始记录的内容和填制方法；原始记录的格式；原始记录的审核；原始记录填制人的责任；原始记录签署、传递、汇集要求。

第九十一条 各单位应当建立定额管理制度。主要内容包括：定额管理的范围；制定和修订定额的依据、程序和方法；定额的执行；定额考核和奖惩办法等。

第九十二条 各单位应当建立计量验收制度。主要内容包括：计量检测手段和方法；计量验收管理的要求；计量验收人员的责任和奖惩办法。

第九十三条 各单位应当建立财产清查制度。主要内容包括：财产清查的范围；财产清查的组织；财产清查的期限和方法；对财产清查中发现问题的处理办法；对财产管理人员的奖惩办法。

第九十四条 各单位应当建立财务收支审批制度。主要内容包括：财务收支审批人员和审批权限；财务收支审批程序；财务收支审批人员的责任。

第九十五条 实行成本核算的单位应当建立成本核算制度。主要内容包括：成本核算的对象；成本核算的方法和程序；成本分析等。

第九十六条 各单位应当建立财务会计分析制度。主要内容包括：财务会计分析的主要内容；财务会计分析的基本要求和组织程序；财务会计分析的具体方法；财务会计分析报告的编写要求等。

第六章 附 则

第九十七条 本规范所称国家统一会计制度，是指由财政部制定，或者财政部与国务院有关部门联合制定，或者经财政部审核批准的在全国范围内统一执行的会计规章、准则、办法等规范性文件。

本规范所称会计主管人员，是指不设置会计机构、只在其他机构中设置专职会计人员的单位行使会计机构负责人职权的人员。

本规范第三章第二节和第三节关于填制会计凭证、登记会计账簿的规定，除特别指出外，一般适用于手工记账。实行会计电算化的单位，填制会计凭证和登记会计账簿的有关要求，应当符合财政部关于会计电算化的有关规定。

第九十八条 各省、自治区、直辖市财政厅（局）、国务院各业务主管部门可以根据本规范的原则，结合本地区、本部门的具体情况，制定具体实施办法，报财政部备案。

第九十九条 本规范由财政部负责解释、修改。

第一百条 本规范自公布之日起实施。1984 年 4 月 24 日财政部发布的《会计人员工作规则》同时废止。

附录三 中华人民共和国现金管理暂行条例

(中华人民共和国国务院令第12号 1988年9月8日发布)

第一章 总则

第一条 为改善现金管理，促进商品生产和流通，加强对社会经济活动的监督，制定本条例。

第二条 凡在银行和其他金融机构（以下简称"开户银行"）开立账户的机关、团体、部队、企业、事业单位和其他单位（以下简称"开户单位"），必须依照本条例的规定收支和使用现金，接受开户银行的监督。国家鼓励开户单位和个人在经济活动中，采取转账方式进行结算，减少使用现金。

第三条 开户单位之间的经济往来，除按本条例规定的范围可以使用现金外，应当通过开户银行进行转账结算。

第四条 各级人民银行应当严格履行金融主管机关的职责，负责对开户银行的现金管理进行监督和稽核。开户银行依照本条例和中国人民银行的规定，负责现金管理的具体实施，对开户单位收支、使用现金进行监督管理。

第二章 现金管理和监督

第五条 开户单位可以在下列范围内使用现金：

（一）职工工资、津贴；

（二）个人劳务报酬；

（三）根据国家规定颁发给个人的科学技术、文化艺术、体育等各种奖金；

（四）各种劳保、福利费用以及国家规定的对个人的其他支出；

（五）向个人收购农副产品和其他物资的价款；

（六）出差人员必须随身携带的差旅费；

（七）结算起点以下的零星支出；

（八）中国人民银行确定需要支付现金的其他支出。

前款结算起点定为一千元。结算起点的调整，由中国人民银行确定，报国务院备案。

第六条 除本条例第五条第（五）、（六）项外，开户单位支付给个人的款项，超过使用现金限额的部分，应当以支票或者银行本票支付；确需全额支付现金的，经开户银行审核后，予以支付现金。前款使用现金限额，按本条例第五条第二款的规定执行。

第七条 转账结算凭证在经济往来中，具有同现金相同的支付能力。开户单位在销售活动中，不得对现金结算给予比转账结算优惠待遇；不得拒收支票、银行汇票和银行本票。

第八条 机关、团体、部队、全民所有制和集体所有制企业事业单位购置国家规定的专项控制商品，必须采取转账结算方式，不得使用现金。

第九条 开户银行应当根据实际需要，核定开户单位三天至五天的日常零星开支所需的库存现金限额。边远地区和交通不便地区的开户单位的库存现金限额，可以多于五天，但不得超过十五天的日常零星开支。

第十条 经核定的库存现金限额，开户单位必须严格遵守。需要增加或者减少库存现金限额的，应当向开户银行提出申请，由开户银行核定。

第十一条 开户单位现金收支应当依照下列规定办理：

（一）开户单位现金收入应当于当日送存开户银行。当日送存确有困难的，由开户银行确定送存时间。

（二）开户单位支付现金，可以从本单位库存现金限额中支付或者从开户银行提取，不得从本单位的现金收入中直接支付（即坐支）。因特殊情况需要坐支现金的，应当事先报经开户银行审查批准，由开户银行核定坐支范围和限额。坐支单位应当定期向开户银行报送坐支金额和使用情况。

（三）开户单位根据本条例第五条和第六条的规定，从开户银行提取现金，应当写明用途，由本单位财会部门负责人签字盖章，经开户银行审核后，予以支付现金。

（四）因采购地点不固定，交通不便，生产或者市场急需，抢险救灾以及其他特殊情况必须使用现金的，开户单位应当向开户银行提出申请，由本单位财会部门负责人签字盖章，经开户银行审核后，予以支付现金。

第十二条 开户单位应当建立健全现金账目，逐笔记载现金支付。账目应当日清月结，账款相符。

第十三条 对个体工商户、农村承包经营户发放的贷款，应当以转账方式支付。对确需在集市使用现金购买物资的，经开户银行审核后，可以在贷款金额内支付现金。

第十四条 在开户银行开户的个体工商户、农村承包经营户异地采购所需货款，应当通过银行汇兑方式支付。因采购地点不固定，交通不便必须携带现金的，由开户银行根据实际需要，予以支付现金。未在开户银行开户的个体工商户、农村承包经营户异地采购所需货款，可以通过银行汇兑方式支付。凡加盖"现金"字样的结算凭证，汇入银行必须保证支付现金。

第十五条 具备条件的银行应当接受开户单位的委托，开展代发工资、转存储蓄业务。

第十六条 为保证开户单位的现金收入及时送存银行，开户银行必须按照规定做好现金收款工作，不得随意缩短收款时间。大中城市和商业比较集中的地区，应当建立非营业时间收款制度。

第十七条 开户银行应当加强柜台审查，定期和不定期地对开户单位现金收支情况进行检查，并按规定向当地人民银行报告现金管理情况。

第十八条 一个单位在几家银行开户的，由一家开户银行负责现金管理工作，核定开户单位库存现金限额。各金融机构的现金管理分工，由中国人民银行确定。有关现金管理分工的争议，由当地人民银行协调、裁决。

第十九条 开户银行应当建立健全现金管理制度，配备专职人员，改进工作作风，改善服务设施。现金管理工作所需经费应当在开户银行业务费中解决。

第三章 法律责任

第二十条 开户单位有下列情形之一的，开户银行应当依照中国人民银行的规定，责令其停止违法活动，并可根据情节轻重处以罚款：

（一）超出规定范围、限额使用现金的；

（二）超出核定的库存现金限额留存现金的。

第二十一条 开户单位有下列情形之一的，开户银行应当依照中国人民银行的规定，予以警告或者罚款；情节严重的，可在一定期限内停止对该单位的贷款或者停止对该单位的现金支付：

（一）对现金结算给予比转账结算优惠待遇的；

（二）拒收支票、银行汇票和银行本票的；

（三）违反本条例第八条规定，不采取转账结算方式购置国家规定的专项控制商品的；

（四）用不符合财务会计制度规定的凭证顶替库存现金的；

（五）用转账凭证套换现金的；

（六）编造用途套取现金的；

（七）互相借用现金的；

（八）利用账户替其他单位和个人套取现金的；

（九）将单位的现金收入按个人储蓄方式存入银行的；

（十）保留账外公款的；

（十一）未经批准坐支或者未按开户银行核定的坐支范围和限额坐支现金的。

第二十二条 开户单位对开户银行作出的处罚决定不服的，必须首先按照处罚决定执行，然后可在十日内向开户银行的同级人民银行申请复议。同级人民银行应当在收到复议申请之日起三十日内作出复议决定。开户单位对复议决定不服的，可以在收到复议决定之日起三十日内向人民法院起诉。

第二十三条 银行工作人员违反本条例规定，徇私舞弊、贪污受贿、玩忽职守纵容违法行为的，应当根据情节轻重，给予行政处分和经济处罚；构成犯罪的，由司法机关依法追究刑事责任。

第四章 附　则

第二十四条 本条例由中国人民银行负责解释；施行细则由中国人民银行制定。

第二十五条 本条例自一九八八年十月一日起施行。一九七七年十一月二十八日发布的《国务院关于实行现金管理的决定》同时废止。

附录四　票据印鉴知识

一、票据知识

(一) 票据的含义

票据是按照一定形式制成、写明有付出一定货币金额义务的证件，是出纳或运送货物的凭证。广义的票据泛指各种有价证券，如债券、股票、提单等。狭义的票据仅指以支付金钱为目的的有价证券，即出票人根据《票据法》签发的，由自己无条件支付确定金额或委托他人无条件支付确定金额给收款人或持票人的有价证券。在我国，票据即汇票、支票及本票的统称。

(二) 票据行为

票据行为有广义和狭义两种。广义的票据行为是指以发生、变更或消灭票据的权利义务关系为目的的法律行为，包括出票、背书、涂改、禁止背书、付款、保证、承兑、参加承兑、划线、保付等。狭义的票据行为是票据当事人以负担票据债务为目的的法律行为，包括出票、背书、承兑、参加承兑、保证、保付六种。

1. 出票。出票是指出票人依照法定款式作成票据并交付于受款人的行为。它包括"作成"和"交付"两种行为。所谓"作成"，就是出票人按照法定款式制作票据，在票据上记载法定内容并签名。由于现在各种票据都由一定机关印制，因而所谓"作成"，只是填写有关内容和签名而已。所谓"交付"，是指根据出票人本人的意愿将其交给受款人的行为，不是出于出票人本人意愿的行为（如偷窃票据）不能称作"交付"，因而也不能称作出票行为。

2. 背书。背书是指持票人转让票据权利于他人。票据的特点在于流通。票据转让的主要方法是背书，当然除此之外还有单纯交付。背书转让是持票人的票据行为，只有持票人才能进行票据的背书。同时背书也是转让票据权利的行为，票据一经背书转让，票据上的权利也随之转让给被背书人。

3. 承兑。承兑是指汇票的付款人承诺负担票据债务的行为。承兑为汇票所独有。汇票的发票人和付款人之间是一种委托关系，发票人签发汇票，并不等于付款人就一定付款，持票人为确定汇票到期时能得到付款，在汇票到期前向付款人进行承兑提示。如果付款人签字承兑，那么他就对汇票的到期付款承担责任，否则，持票人有权对其提起诉讼。

4. 参加承兑。参加承兑是指票据的预备付款人或第三人为了特定票据债务人的利益，代替承兑人进行承兑，以阻止持票人于汇票到期日前行使追索权的一种票据行为。它一般是在汇票得不到承兑，付款人或承兑人死亡、逃亡或其他原因无法承兑、付款人或承兑人被宣告破产的情况下发生。

5. 保证。保证是指除票据债务人以外的人为担保票据债务的履行，以负担同一内容的票据债务为目的一种附属票据行为。票据保证的目的是担保其他票据债务的履行，适用于汇票和本票，不适用于支票。

6. 保付。保付是指支票的付款人向持票人承诺负绝对付款责任的一种附属票据行为。保付是支票付款人的一种票据行为。支票一旦经付款人保付，在支票上注明"照付"或"保付"字样，并经签名后，付款人便负绝对付款责任，不论发票人在付款人处是否有资金，也不论持票人在法定提示期间是否有提示，或者即使发票人撤回付款委托，付款人均须按规定付款。

在具体操作时，票据行为表现为票据当事人把行为的意思按照法定的方式记载在票据上，并由行为人签章后将票据交付。它包括三方面内容，即记载、签章和交付。

所谓记载，通俗地讲就是票据当事人在票据上写明所要记载的内容，如签发票据时应写明票据的种类、金额、无条件支付命令、签发票据日期以及其他需要明确的内容，承兑汇票时写上"承兑"字样，保证时应写上"保证"或"担保"字样。

所谓签章，是指签名、盖章或签名加盖章，它表明行为人对其行为承担责任。自然人签章是指在票据上亲自书写其姓名或加盖其私章。法人和其他使用票据单位的签章为该法人或者该单位的盖章加其法定代表人或其授权的代理人的签章。按照《票据法》的规定，在票据上的签名应当为该当事人的本名，而不能用笔名、艺名等来代替。

所谓交付，是指票据行为人应将票据交付给执票人。票据行为人在票据上进行记载，并进行签章后，票据还不能发生法律效力，只有票据被交付给了对方，票据才能发生法律效力。

二、印鉴知识

印鉴印章是用作印于文件上表示鉴定或签署的文具，一般印章都会先沾上颜料再印上，不沾颜料、印上平面后会呈现凹凸的称为干印，有些是印于蜡或火漆上，有些则是用力压印于纸上，令纸的表面有凹凸。

（一）印鉴的种类

企业应当根据实际业务需要刻制会计印章，并按照规定使用范围使用。一般应当刻制下列会计印章：

1. 财务专用章，用于企业签发支票、承兑汇票等银行结算票据，以及用于对外的重要单证和有价单证的名称公章；

2. 法人代表人名章（含授权代理人名章，下同），用于企业签发支票、承兑汇票等银行结算票据，也可用于会计报表账簿等；

3. 现金收讫章，用于签发现金收入凭证；

4. 现金付讫章，用于签发现金付出凭证；

5. 银行收讫章，用于签发转账收入凭证；

6. 银行付讫章，用于签发转账付出凭证；

7. 营业专用章（含发票专用章、现金收款章、现金付款章、银行收款章、银行付款章等，下同），用于签发销售凭证或购进凭证；

8. 已报销入账章，用于加盖已作为记账凭证附件的原始凭证；

9. 会计人员名章，用于加盖制证（单、表）、记账、审核、错误更正等应承担会计责任的会计凭证、会计账簿、会计报表等会计资料；

10. 科目章（含明细科目章、上年结转、结转下年、日计、月计、本年累计、承前页、过次页章等，下同），用于加盖记账凭证、会计账簿；

11. 企业名称及账号条形章，用于加盖专用发票和银行票据等。

（二）印鉴的刻制和保管使用规定

财务专用章、现金收（付）讫章、银行收（付）讫章、法人代表名章、营业专用章，由企业根据《国务院关于国家行政机关和企业 事业单位 社会团体印章管理的规定》《公安部关于〈印章治安管理信息系统标准〉的通知》和地方的相关规定统一设计和刻制；其他会计印章，自行决定刻制。

会计印章应当按照以下规定保管和使用：

1. 严禁一人保管支付款项所需的全部印章。会计印章一般应由以下人员保管和授权使用：

（1）法人代表名章由会计机构负责人（会计主管人员）或其指定的非出纳员保管和授权使用。

（2）财务专用章、现金收（付）讫章、银行收（付）讫章由出纳员保管和授权使用。

（3）科目章、已报销入账章由相对使用人员保管和授权使用。

（4）会计人员名章由本人自行保管和授权使用。

（5）企业名称及账号条形章由销售部门或出纳员保管和授权使用。

（6）营业专用章由各销售收款人或收购付款人保管和授权使用。

2. 涉及资金安全的会计印章，应当有必要的安全保管措施，避免出现印章无人监管的情况。

3. 会计印章保管人员应当在规定用途和范围内授权用印，不准交由非责任人用印，不准在空白单证及纸张上用印。

4. 会计印章一般不得携带出企业使用。确因工作需要携带出企业使用的，必须经企业负责人或其授权人批准，并由保管人员监督用印。

5. 启用、封存会计印章，应当填制会计印章启用、封存表；会计印章（会计人员名章除外）应当随会计人员的交接办理交接手续，变更保管人应当办理印章交接手续，并做出记录。

 附录五 中国人民银行规定的票据填写规范

银行、单位和个人填写的各种票据和结算凭证是办理支付结算和现金收付的重要依据，直接关系到支付结算的准确、及时和安全。票据和结算凭证是银行、单位和个人凭以记载账务的会计凭证，是记载经济业务和明确经济责任的一种书面证明。因此，填写票据和结算凭证，必须做到标准化、规范化，要素齐全、数字正确、字迹清晰、不错漏、不潦草，防止涂改。

一、中文大写金额数字应用正楷或行书填写，如壹、贰（贰）、叁、肆、伍、陆、柒、捌、玖、拾、佰、仟、万、亿、元、角、分、零、整（正）等字样。不得用一、二（两）、三、四、五、六、七、八、九、十、念、毛、另（或0）填写，不得自造简化字。金额数字书写中使用繁体字，如贰、陆、億、萬、圓的，也应受理。

二、中文大写金额数字到"元"为止的，在"元"之后应写"整"（或"正"）字，在"角"之后可以不写"整"（或"正"）字。大写金额数字有"分"的，"分"后面不写"整"（或"正"）字。

三、中文大写金额数字前应标明"人民币"字样，大写金额数字应紧接"人民币"字样填写，不得留有空白。大写金额数字前未印"人民币"字样的，应加填"人民币"三字。在票据和结算凭证大写金额栏内不得预印固定的"仟、佰、拾、万、元、角、分"字样。

四、阿拉伯小写金额数字中有"0"时，中文大写应按照汉语语言规律、金额数字构成和防止涂改的要求进行书写。举例如下：

（一）阿拉伯数字中间有"0"时，中文大写金额要写"零"字。如￥1 409.50，应写成人民币壹仟肆佰零玖元伍角整。

（二）阿拉伯数字中间连续有几个"0"时，中文大写金额中间可以只写一个"零"字。如￥6 007.14，应写成人民币陆仟零柒元壹角肆分。

（三）阿拉伯金额数字万位或元位是"0"，或者数字中间连续有几个"0"，万位、元位也是"0"，但千位、角位不是"0"时，中文大写金额中可以只写一个零字，也可以不写"零"字。如￥1 680.32，应写成人民币壹仟陆佰捌拾元零叁角贰分，或者写成人民币壹仟陆佰捌拾元叁角贰分；又如￥107 000.53，应写成人民币壹拾万柒仟元零伍角叁分，或者写成人民币壹拾万零柒仟元伍角叁分。

（四）阿拉伯金额数字角位是"0"，而分位不是"0"时，中文大写金额元后面应写"零"字。如￥16 409.02，应写成人民币壹万陆仟肆佰零玖元零贰分；又如￥325.04，应写成人民币叁佰贰拾伍元零肆分。

五、阿拉伯小写金额数字前面，均应填写人民币符号"￥"。阿拉伯小写金额数字要

认真填写，不得连写，以免分辨不清。

六、票据的出票日期必须使用中文大写。为防止变造票据的出票日期，在填写月、日时，月为壹、贰和壹拾的，日为壹至玖和壹拾、贰拾和叁拾的，应在其前加"零"；日为拾壹至拾玖的，应在其前加"壹"。如1月15日，应写成零壹月壹拾伍日。

七、票据出票日期使用小写填写的，银行不予受理。大写日期未按要求规范填写的，银行可予受理，但由此造成损失的，由出票人自行承担。

附录六 模拟参考答案

一、会计分录参考答案

金额单位：元

	摘要	总账科目	明细科目	数量（千克）	借方金额	贷方金额
业务 1	收到前欠货款	银行存款	工商银行		500 000.00	
		应收账款	湖北省致远有限公司			500 000.00
业务 2	张超凡借支	其他应收款	张超凡		1 000.00	
		库存现金				1 000.00
业务 3	产品销售	银行存款	工商银行		1 627 200.00	
		主营业务收入	甲产品	1 000		600 000.00
		主营业务收入	乙产品	1 200		840 000.00
		应交税费	应交增值税	销项税额		187 200.00
业务 4	购材料	原材料	A 材料	3 500	770 000.00	
		原材料	B 材料	2 500	450 000.00	
		应交税费	应交增值税	进项税额	158 600.00	
		银行存款	工商银行			1 378 600.00
业务 5	缴纳上月税费	应交税费	未交增值税		25 000.00	
		应交税费	应交城建税		1 750.00	
		应交税费	应交教育费附加		750.00	
		银行存款	工商银行			27 500.00
业务 6	发放上月工资	应付职工薪酬	工资		196 500.00	
		银行存款	工商银行			155 235.00
		其他应付款	养老保险			15 720.00
		其他应付款	医疗保险			3 930.00
		其他应付款	失业保险			1 965.00
		其他应付款	住房公积金			19 650.00

续表

	摘要	总账科目	明细科目	数量(千克)	借方金额	贷方金额
业务7	张志华报销差旅费	管理费用	差旅费		2 086.21	
		应交税费	应交增值税	进项税额	153.79	
		其他应收款	张志华			1 000.00
		库存现金				1 240.00
业务8	购机器设备一台	固定资产	机器设备		480 000.00	
		应交税费	应交增值税	进项税额	62 400.00	
		银行存款	工商银行			542 400.00
业务9	张超凡报销	管理费用	办公费		800.00	
		库存现金			200.00	
		其他应收款	张超凡			1 000.00
业务10	支付前欠货款	应付账款	湖北省诚信有限公司		1 500 000.00	
		应付票据	湖北省诚信有限公司			1 500 000.00
业务11	缴纳保险费	应付职工薪酬	养老保险		39 300.00	
		应付职工薪酬	医疗保险		15 720.00	
		应付职工薪酬	失业保险		3 930.00	
		应付职工薪酬	工伤保险		982.50	
		应付职工薪酬	生育保险		1 375.50	
		其他应付款	养老保险		15 720.00	
		其他应付款	医疗保险		3 930.00	
		其他应付款	失业保险		1 965.00	
		银行存款	工商银行			82 923.00
业务12	缴纳住房公积金	应付职工薪酬	住房公积金		19 650.00	
		其他应付款	住房公积金		19 650.00	
		银行存款	工商银行			39 300.00
业务13	缴纳工会经费	应付职工薪酬	工会经费		3 930.00	
		银行存款	工商银行			3 930.00
业务14	购材料	原材料	A材料	4 000	800 000.00	
		原材料	B材料	3 500	560 000.00	
		应交税费	应交增值税	进项税额	176 800.00	
		应付账款	湖北省诚信有限公司			1 536 800.00

续表

	摘要	总账科目	明细科目	数量（千克）	借方金额	贷方金额
业务15	产品销售	应收账款	湖北省美好有限公司		1 939 080.0	
		主营业务收入	甲产品	1 200		780 000.00
		主营业务收入	乙产品	1 300		936 000.00
		应交税费	应交增值税	销项税额		223 080.00
业务16	付生产车间维修费	管理费用	维修费		2 000.00	
		银行存款	工商银行			2 000.00
业务17	提现	库存现金			2 000.00	
		银行存款	工商银行			2 000.00
业务18	支付前欠货款	应付账款	湖北省蓝天有限公司		450 000.00	
		银行存款	工商银行			450 000.00
业务19	本季度利息收入	银行存款	工商银行		10 000.00	
		财务费用	利息收入			10 000.00
业务20	销售A材料	银行存款	工商银行		271 200.00	
		其他业务收入	材料销售	1 000		240 000.00
		应交税费	应交增值税	销项税额		31 200.00
业务21	分配水电费	生产成本	甲产品	直接材料	86 400.00	
		生产成本	乙产品	直接材料	129 600.00	
		制造费用	水电费		20 400.00	
		管理费用	水电费		6 600.00	
		销售费用	水电费		3 000.00	
		应交税费	应交增值税	进项税额	31 740.00	
		银行存款	工商银行			277 740.00
业务22	支付广告费	销售费用	广告费		2 800.00	
		银行存款	工商银行			2 800.00
业务23	计提并分配本月工资	生产成本	甲产品	直接人工	56 800.00	
		生产成本	乙产品	直接人工	85 200.00	
		制造费用	人工费		9 500.00	
		管理费用	人工费		24 500.00	
		销售费用	人工费		20 500.00	
		应付职工薪酬	工资			196 500.00

续表

	摘要	总账科目	明细科目	数量（千克）	借方金额	贷方金额
业务24	计提并分配五险一金	生产成本	甲产品	直接人工	23 401.60	
		生产成本	乙产品	直接人工	35 102.40	
		制造费用	人工费		3 914.00	
		管理费用	人工费		10 094.00	
		销售费用	人工费		8 446.00	
		应付职工薪酬	养老保险			39 300.00
		应付职工薪酬	医疗保险			15 720.00
		应付职工薪酬	失业保险			3 930.00
		应付职工薪酬	工伤保险			982.50
		应付职工薪酬	生育保险			1 375.50
		应付职工薪酬	住房公积金			19 650.00
业务25	计提并分配二项经费	生产成本	甲产品	直接人工	1 988.00	
		生产成本	乙产品	直接人工	2 982.00	
		制造费用	人工费		332.50	
		管理费用	人工费		857.50	
		销售费用	人工费		717.50	
		应付职工薪酬	工会经费			3 930.00
		应付职工薪酬	职工教育经费			2 947.50
业务26	捐赠	营业外支出	捐赠支出		20 000.00	
		银行存款	工商银行			20 000.00
业务27	计提本月折旧	制造费用	折旧费		37 046.05	
		管理费用	折旧费		4 235.42	
		销售费用	折旧费		2 612.50	
		累计折旧	房屋建筑物			7 461.46
		累计折旧	机器设备			32 205.00
		累计折旧	办公设备			4 227.51
业务28	摊销本月房租费	管理费用	房租费		4 000.00	
		预付账款	湖北省天都有限公司			4 000.00
业务29	计提本月利息	财务费用	利息支出		3 000.00	
		应付利息	短期贷款			3 000.00

续表

	摘要	总账科目	明细科目	数量（千克）	借方金额	贷方金额
业务30	本月领用原材料	生产成本	甲产品	直接材料	870 666.00	
		生产成本	乙产品	直接材料	1 218 748.00	
		制造费用	材料费		359 772.00	
		管理费用	维修费		53 066.00	
		其他业务成本	材料销售		206 880.00	
		原材料	A 材料	8 400		1 737 792.00
		原材料	B 材料	6 000		971 340.00
业务31	分配本月制造费用	生产成本	甲产品	制造费用	172 104.00	
		生产成本	乙产品	制造费用	258 860.55	
		制造费用				430 964.55
业务32	结转完工产品入库	库存商品	甲产品	2 760	1 367 359.60	
		库存商品	乙产品	2 950	1 898 492.95	
		生产成本	甲产品	直接材料		1 066 266.00
		生产成本	甲产品	直接人工		113 389.60
		生产成本	甲产品	制造费用		187 704.00
		生产成本	乙产品	直接材料		1 465 948.00
		生产成本	乙产品	直接人工		156 884.40
		生产成本	乙产品	制造费用		275 660.55
业务33	结转已销产品成本	主营业务成本	甲产品		1 093 444.00	
		主营业务成本	乙产品		1 569 825.00	
		库存商品	甲产品	2 200		1 093 444.00
		库存商品	乙产品	2 500		1 569 825.00
业务34	结转本月应交增值税	应交税费	应交增值税	转出未交增值税	11 786.21	
		应交税费	未交增值税			11 786.21
业务35	计提本月城建及教育费附加	税金及附加			1 178.62	
		应交税费	应交城建税			825.03
		应交税费	应交教育费附加			253.59

续表

	摘要	总账科目	明细科目	数量（千克）	借方金额	贷方金额
业务 36	结转本月收入、收益类账户	主营业务收入			3 156 000.00	
		其他业务收入			240 000.00	
		财务费用			7 000.00	
		本年利润				3 403 000.00
业务 37	结转本月成本、费用类账户	本年利润			3 037 642.75	
		主营业务成本				2 663 269.00
		其他业务成本				206 880.00
		营业外支出				20 000.00
		税金及附加				1 178.62
		管理费用				108 239.13
		销售费用				38 076.00
业务 38	计提本月应交所得税	所得税费用			91 339.31	
		应交税费	应交所得税			91 339.31
业务 39	结转本月应交所得税	本年利润			91 339.31	
		所得税费用				91 339.31
业务 40	结转本年利润	本年利润			1 944 132.83	
		利润分配	未分配利润			1 944 132.83
业务 41	利润分配	利润分配	提取法定盈余公积		194 413.28	
		利润分配	应付利润		972 066.42	
		盈余公积	法定盈余公积			1 944 132.28
		应付利润				972 066.42
业务 42	结转	利润分配	未分配利润		1 166 479.70	
		利润分配	提取法定盈余公积			194 413.28
		利润分配	应付利润			972 066.42

二、部分表格参考答案

30. 12月30日,采用月末一次加权平均法核算12月出库材料成本。

原材料结存情况汇总表

2019年12月30日

项 目	A材料		B材料	
	数量(千克)	金额(元)	数量(千克)	金额(元)
月初结存	2 680	536 000.00	3 250	487 500.00
本月入库	7 500	1 570 000.00	6 000	1 010 000.00
小 计	10 180	2 106 000.00	9 250	1 497 500.00
月末加权平均单价	206.88		161.89	
本月领用材料	8 400	1 737 792.00	6 000	971 340.00

复核: 会计主管: 制单:王艺平

材料耗用汇总表

2019年12月30日

用途		A材料			B材料			合计金额(元)
		数量(千克)	单价(元)	金额(元)	数量(千克)	单价(元)	金额(元)	
基本生产车间	甲产品	2 800	206.88	579 264	1 800	161.89	291 402	870 666
	乙产品	3 700	206.88	765 456	2 800	161.89	453 292	1 218 748
车间一般领用		800	206.88	165 504	1 200	161.89	194 268	359 772
管理部门领用		100	206.88	20 688	200	161.89	32 378	53 066
材料销售		1 000	206.88	206 880				206 880
合 计		8 400		1 737 792	6 000		971 340	2 709 132

复核: 会计主管: 制单:王艺平

31. 12月30日,归集本月制造费用,分配如下:

基本生产车间制造费用分配表

2019年12月30日

产 品	生产工人工资	分配率	应分配金额(元)
甲产品	56 800		172 104.00
乙产品	85 200		258 860.55
合 计	142 000	3.03	430 964.55

复核: 会计主管: 制单:王艺平

32. 12 月 30 日,结转已完工产品成本。

生产成本明细账

完工产品:2 760 件
在 产 品: 件

产品名称:甲产品　　　　　2019 年 12 月 30 日　　　　　完工程度:

成本项目	成本项目			合　计 (元)
	直接材料(元)	直接人工(元)	制造费用(元)	
月初在产品	109 200.00	31 200.00	15 600.00	156 000.00
本月生产费用合计	1 066 266.00	113 389.60	187 704.00	1 367 359.60
结转完工成本	1 066 266.00	113 389.60	187 704.00	1 367 359.60
月末在产品				

复核:　　　　　　　会计主管:　　　　　　　制单:王艺平

生产成本明细账

完工产品:2 950 件
在 产 品: 件

产品名称:乙产品　　　　　2019 年 12 月 30 日　　　　　完工程度:

成本项目	成本项目			合　计 (元)
	直接材料(元)	直接人工(元)	制造费用(元)	
月初在产品	117 600.00	33 600.00	16 800.00	168 000.00
本月生产费用合计	1 465 948.00	156 884.40	275 660.55	1 898 492.95
结转完工成本	1 465 948.00	156 884.40	275 660.55	1 898 492.95
月末在产品				

复核:　　　　　　　会计主管:　　　　　　　制单:王艺平

33. 12 月 31 日,结转已销产品生产成本。

产品销售汇总表

2019 年 12 月 31 日

项　目	甲产品		乙产品	
	数量(件)	金额(元)	数量(件)	金额(元)
月初结存	1 480	740 000.00	1 650	990 000.00
本月入库	2 760	1 367 359.60	2 950	1 898 492.95
小　计	4 240	2 107 359.60	4 600	2 888 492.95
月末加权平均单价		497.02		627.93
本月已销产品	2 200	1 093 444.00	2 500	1 569 825.00

复核:　　　　　　　会计主管:张军梅　　　　　　　制单:王艺平

34. 12月31日,结转本月应交未交增值税。

应交税费——应交增值税计算单

2019年12月31日　　　　　　　　　　　　　　　　　　单位:元

项　　目	借方金额	贷方金额
一、应交增值税		
1. 年初未抵扣数		
2. 销项税额		441 480.00
出口退税		
进项税额转出		
转出多交增值税		
3. 进项税额	429 693.79	
已交税金		
减免税款		
出口抵减内销产品应纳税额		
转出未交增值税	11 786.21	
4. 期末未抵扣数		
二、未交增值税		
1. 年初未交数		25 000.00
2. 本期转入数	11 786.21	
3. 本期已交数	25 000.00	

复核:　　　　　　　　会计主管:　　　　　　　　制单:王艺平

35. 12月31日,计提本月应交城市维护建设税及教育费附加。

应交城建税及教育费附加计算表

2019年12月31日　　　　　　　　　　　　　　　　　　单位:元

项　目	课税数量			税率 (提取比例)	金额
	本月应交增值税	本月应交消费税	合计		
应交城建税	11 786.21		11 786.21	7%	825.03
应交教育费附加	11 786.21		11 786.21	3%	353.59
合计				10%	1 178.62

复核:　　　　　　　　会计主管:　　　　　　　　制单:王艺平

36. 12 月 31 日，结转本月收入、收益类账户余额至"本年利润"账户。

内部转账单

2019 年 12 月 31 日　　　　　　　　　　　　　　　　　　　　　　　No

摘　　要	转账项目	金　额（元）
结转至"本年利润"账户	主营业务收入	3 156 000.00
结转至"本年利润"账户	其他业务收入	240 000.00
结转至"本年利润"账户	财务费用	7 000.00
合　　计		3 403 000.00

复核：　　　　　　　会计主管：　　　　　　　制单：王艺平

37. 12 月 31 日，结转本月成本、费用类账户余额至"本年利润"账户。

内部转账单

2019 年 12 月 31 日

摘　　要	转账项目	金　额（元）
结转至"本年利润"账户	主营业务成本	2 663 269.00
结转至"本年利润"账户	其他业务成本	206 880.00
结转至"本年利润"账户	营业外支出	20 000.00
结转至"本年利润"账户	税金及附加	1 178.62
结转至"本年利润"账户	管理费用	108 239.13
结转至"本年利润"账户	销售费用	38 076.00
合　　计		3 037 642.75

复核：　　　　　　　会计主管：　　　　　　　制单：王艺平

38. 12 月 31 日，计提本月应交所得税。

所得税计算表

2019 年 12 月 31 日

应纳税所得额（元）	所得税税率	应纳所得税额（元）
365 357.25	25%	91 339.31

复核：　　　　　　　会计主管：　　　　　　　制单：王艺平

39. 12月31日，结转本月所得税费用。

内部转账单

2019年12月31日

摘　　要	金　额（元）
结转本月所得税费用	91 339.31

复核：　　　　　　　　会计主管：　　　　　　　　制单：王艺平

40. 12月31日，结转本年利润。

内部转账单

2019年12月31日

摘　　要	金　额（元）
1—11月	1 670 114.89
12月	274 017.94
结转全年净利润	1 944 132.83

复核：　　　　　　　　会计主管：　　　　　　　　制单：王艺平

41. 12月31日，进行利润分配。

利润分配计算表

2019年12月31日

分配项目	分配依据（元）	分配或提取比率	金　额（元）
法定盈余公积金	1 944 132.83	10%	194 413.28
应付利润	1 944 132.83	50%	972 066.42
合计			1 166 479.70

复核：　　　　　　　　会计主管：　　　　　　　　制单：王艺平

42. 12月31日，结转利润分配各明细账余额至"利润分配——未分配利润"账户。

内部转账单

2019年12月31日

摘　　要	转账项目	金　额（元）
结转至"利润分配——未分配利润"账户	利润分配——提取法定盈余公积金	194 400.60
结转至"利润分配——未分配利润"账户	利润分配——提取投资者利润	972 002.98
合计		1 166 403.58

复核：　　　　　　　　会计主管：　　　　　　　　制单：王艺平

三、各明细科目期末余额参考答案

总账科目	明细科目	期末余额 借方	期末余额 贷方	总账科目	明细科目	期末余额 借方	期末余额 贷方
库存现金		8 160.00		短期借款	工商银行		1 000 000.00
银行存款	工商银行	289 172.00		应付票据	湖北省科华有限公司		500 000.00
预付账款	湖北省天都有限公司	20 000.00		应付账款	湖北省诚信有限公司		1 500 000.00
应收票据	湖北省诚信有限公司	305 000.00		应付利润	应付××投资者		296 800.00
应收账款	湖北省美好有限公司	520 000.00		应付利息			972 066.42
应收账款	湖北省致远有限公司	1 939 080.00		应交税费	未交增值税		3 000.00
坏账准备			10 038.60	应交税费	应交城建税		11 786.21
原材料	A材料	368 208.00		应交税费	应交教育费附加		825.03
原材料	B材料	526 160.00		应交税费	应交所得税		353.59
库存商品	甲产品	1 013 915.60		应付职工薪酬	工资		251 626.96
库存商品	乙产品	1 318 667.95		应付职工薪酬	养老保险		196 500.00
固定资产	房屋建筑物	1 885 000.00		应付职工薪酬	医疗保险		39 300.00
固定资产	机器设备	4 548 000.00		应付职工薪酬	失业保险		15 720.00
固定资产	办公设备	267 000.00		应付职工薪酬	工伤保险		3 930.00
累计折旧	房屋建筑物		223 843.80	应付职工薪酬	生育保险		982.50
累计折旧	机器设备		607 050.00	应付职工薪酬	住房公积金		1 375.50
累计折旧	办公设备		118 655.28	应付职工薪酬	工会经费		19 650.00
无形资产	专利权	109 400.00		应付职工薪酬	职工教育经费		3 930.00
	非专利技术	86 000.00		实收资本			5 000 000.00
				资本公积			5 895.00
				盈余公积	法定盈余公积		200 000.00
				利润分配	未分配利润		319 413.28
							2 289 847.95

四、会计报表参考答案

资产负债表

会企01表

编制单位：湖北省静友有限公司　　　2019年12月31日　　　单位：元

资　产	期末余额	上年年末余额	负债和所有者权益	期末余额	上年年末余额
流动资产：			流动负债：		
货币资金	297 332.00		短期借款	1 000 000.00	
交易性金融资产			交易性金融负债		
衍生金融资产			衍生金融负债		
应收票据	305 000.00		应付票据	2 000 000.00	
应收账款	2 449 041.40		应付账款	296 800.00	
应收款项融资			预收款项		
预付款项	20 000.00		合同负债		
其他应收款			应付职工薪酬	287 283.00	
存货	3 226 951.55		应交税费	264 591.79	
合同资产			其他应付款	975 066.41	
持有待售资产			持有待售负债		
一年内到期的非流动资产			一年内到期的非流动负债		
其他流动资产			其他流动负债		
流动资产合计	6 298 324.95		流动负债合计	4 823 741.21	
非流动资产：			非流动负债：		
债券投资			长期借款		
其他债券投资			应付债券		
长期应收款			其中：优先股		
长期股权投资			永续债		
其他权益工具投资			租赁负债		
其他非流动金融资产			长期应付款		
投资性房地产			预计负债		
固定资产	5 750 450.92		递延收益		
在建工程			递延所得税负债		

续表

资 产	期末余额	上年年末余额	负债和所有者权益	期末余额	上年年末余额
生产性生物资产			其他流动负债		
油气资产			非流动负债合计		
使用权资产			负债合计	4 823 741.21	
无形资产	195 400.00		所有者权益（或股东权益）：		
开发支出			实收资本（或股本）	5 000 000.00	
商誉			其他权益工具		
长期待摊费用			其中：优先股		
递延所得税资产			永续债		
其他非流动资产			资本公积	200 000.00	
非流动资产合计	5 945 850.92		减：库存股		
			其他综合收益		
			专项储备		
			盈余公积	319 413.28	
			未分配利润	1 901 021.38	
			所有者权益（或股东权益）合计	7 420 434.66	
资产总计	12 244 175.87		负债和所有者权益（或股东权益）总计	12 244 175.87	

主管：　　　　　　　　　　　复核：　　　　　　　　　　　制表：

利 润 表

会企02表

编制单位：湖北省静友有限公司　　　　2019年12月　　　　单位：元

项　目	行号	本期金额	上期金额
一、营业收入	1	3 396 000.00	
减：营业成本	2	2 870 149.00	
税金及附加	3	1 178.62	
销售费用	4	38 076.00	
管理费用	5	108 239.13	
研发费用	6		

续表

项　　目	行号	本期金额	上期金额
财务费用	7	-7 000.00	
其中：利息费用	8	3 000.00	
利息收入	9	-10 000.00	
加：其他收益	10		
投资收益（损失以"-"号填列）	11		
其中：对联营企业和合营企业的投资收益	12		
以摊余成本计量的金融资产终止确认收益（损失以"-"填列）	13		
净敞口套期收益（损失以"-"号填列）	14		
公允价值变动收益（损失以"-"号填列）	15		
信用减值损失（损失以"-"填列）	16		
资产减值损失（损失以"-"填列）	17		
资产减值处置收益（损失以"-"填列）	18		
二、营业利润（亏损以"-"号填列）	19	385 357.25	
加：营业外收入	20		
减：营业外支出	21	20 000.00	
三、利润总额（亏损总额以"-"号填列）	22	365 357.25	
减：所得税费用	23	91 339.31	
四、净利润（净亏损以"-"号填列）	24	274 017.94	
（一）持续经营净利润（损失以"-"填列）	25		
（二）终止经营净利润（损失以"-"填列）	26		
五、其他综合收益的税后净额	27		
（一）不能重分类进损益的其他综合收益	28		
（二）将重分类进损益的其他综合收益	29		
六、综合收益总额	30		
七、每股收益	31		
（一）基本每股收益	32		
（二）稀释每股收益	33		

主管：　　　　　　　　　　　　　复核：　　　　　　　　　　　　　制表：

 附录七　学生实验报告和实验课程评语

学生实验报告

任课教师		教学周及起止时间	
实验报告成绩评定标准			
实践报告成绩（百分制）			
教师签名 批阅日期	＿＿＿年＿＿＿月＿＿＿日		

续表

一、预习报告（请阐述课程实验的内容及目的）

二、实验方案（请说明课程实验的步骤和进程）

续表

三、实验结果分析

四、实验体会及收获

学生姓名：_____

___年___月___日

学生实验课程评语表

学生姓名	学生学号
课程名称：	
总评成绩：	
评语： 　　　　　　　　　　　　　　　　　　　　　　　　　教师签名： 　　　　　　　　　　　　　　　　　　　　　　　　　日期：	

参考文献

［1］陶静．会计学基础模拟实验教程［M］．北京：中国财政经济出版社，2014.

［2］吴有庆．会计学原理［M］．西安：西安交通大学出版社，2019.

［3］徐晔．会计学原理习题及实训案例［M］．南京：南京大学出版社，2019.

［4］刘永泽．中级财务会计［M］．6版．大连：东北财经大学出版社，2018.

［5］吴琦．企业会计模拟实验［M］．北京：中国人民大学科学出版社，2019.

［6］财政部会计资格评价中心．中级财务会计［M］．北京：经济科学出版社，2019.

［7］中华人民共和国财政部．企业会计准则：应用指南［M］．北京：中国财政经济出版社，2019.

［8］焦建平，胡悦辉．企业财务会计实训与练习［M］．北京：中国财政经济出版社，2019.

［9］陈文铭．会计学习题与案例［M］．大连：东北财经大学出版社，2018.

［10］张志凤．中级会计实务模拟测试［M］．北京：北京大学出版社，2019.